책이 좋아지는 그림책 놀이

4~10세 아이들의 집중력,
창의력이 폭발하는 엄마표 책육아

책이 좋아지는
그림책 놀이

우기윤(꿈책맘) 지음

서사원

 프롤로그
그림책에 진심인
꿈책맘의 당부

책 육아 멘토링을 하면서 엄마들의 고충을 들어보면 공통적으로 하는 말이 있습니다.

"그림책을 고르는 것이 어려워요."
"그림책을 읽으면서 아이와 어떤 이야기를 나누어야 할지 모르겠어요."
"꾸준히 책을 읽히는 게 힘들어요."

이번 책은 엄마들이 많이 고민하는 세 가지에 중점을 두고 해법을 제시하면서 그림책 놀이도 곁들여 집필했습니다.

📖 그림책 고수가 되는 법

책 육아 초기에는 그림책 고르기가 어려운 것이 당연합니다. 어린 시절에 보던 그림책을 엄마가 되면서 다시 보기 시작했는데 처음부터 고수가 될 수는 없어요. 책을 보는 안목은 책 육아 기간과 비례합니다. 같은 기간에 더 높은 안목을 가지려면 어떻게 해야 할까요? 그림책을 많이 보는 수밖에 없는데요. 아이와 엄마가 같은 양의 그림책을 읽는다면, 엄마는 아이보다 더 빨리 발전할 수 있습니다. 어른이 보는 시야는 아이의 시야보다 훨씬 넓기 때문이지요. 따라서 엄마가 다양한 그림책을 많이 읽는 것을 추천합니다. 저도 처음에는 거의 백지상태였어요. 그림책은 아이들이나 보는 것으로 생각했어요. 하지만 아이와 함께 그림책을 읽으면 읽을수록, 제 마음을 건드리고 감동과 반전의 재미까지 있는 그림책의 매력에 푹 빠져들었지요. '그림책은 아이들만을 위한 책이 아니구나!' '어른들도 즐길 수 있는 책이구나!'라는 생각이 들었고 어린 시절에 읽었던 그림책과 또 다른 감성으로 다가왔습니다.

📙 즐기면 꾸준함은 따라옵니다

처음부터 많은 책을 아는 사람은 없습니다. 아이와 함께 많은 그림책을 읽다 보면 그림책을 보는 안목이 점점 높아집니다. 그럼 몇 권을 읽어야 하느냐는 의문이 생길 텐데요. 저와 아이는 아주 많은 그림책을 읽었어요. 도서관에서 대출 권수를 꽉꽉 채워 빌려 와도 하루 만에 다 읽고 다음 날 또 도서관에 갈 정도로요. 100권쯤은 쉽게 채웠고요. 한 해에 읽은 그림책이 3,000권 정도 되었던 것으로 기억합니다. 공공 도서관 덕분에 이렇게 많이 읽을 수 있었지요. 제 아이는 6세 무렵부터 반복해서 읽는 것보다 새로운 책을 읽는 것을 좋아해서 다독을 택했어요. 다독과 정독 중에 어떤 방법을 택할지는 아이의 성향에 따라 정하면 됩니다. 아이가 반복해서 읽는 것을 좋아하면 그 성향에 맞춰 주시고 엄마의 방법을 강요하기보다는 아이의 즐거움을 먼저 생각해 주세요. 즐기면서 읽으면 꾸준함은 자연스럽게 따라옵니다.

📙 그림책을 읽으며 나누는 이야기들

저의 첫 책 《꿈꾸는 아이의 그림책 놀이》에서도 강조했듯이, 그저 편안한 마음으로 그림책에 푹 빠져들어서 아이와 함께 즐기면 됩니다. 엄마가 지나치게 비장해지면 그때부터 어긋나기 시작합니다. 책 육아의 큰 그림을 그리는 것은 중요하지만, 마음속에만 간직할 뿐 아이가 눈치챌 정도로 드러내서는 안 됩니다. 엄마가 비장해지면 학습적으로 접근할 수밖에 없고, 진지한 질문을 하기 시작합니다. 아이가 이러한 엄마의 변화를 감지하는 순간, 그림책 읽는 시간은 재미없어집니다.

저 역시 아이가 어릴 때는 책 육아를 하면서 내가 빠뜨리고 간과한 것은 없는지 순간순간 불안함과 걱정이 튀어 올라왔습니다. 하지만 지금도 제일 기억에 남는 것은 그림책을 보면서 경험한 순수한 몰입의 순간이었습니다. 그림책을 읽으면서 나누는 이야기는 평범한 일상의 이야기입니다. 아이의 경험을 되살려 보기도 하고, 엄마의 어린 시절 이야기를 들려 주세요. 이런 식으로 이야기를 나누면 아이도 자신의 이야기를 하기 시작하더라고요. 아이의 생각을 캐묻기보다는 자연스럽게 말하도록 유도하는 것도 이야기의 기술이랍니다.

📖 그림책을 읽으며 얻은 가장 큰 수확은 아이와의 '감정적 교류'

저와 아이가 같은 것을 바라보며 '정서적 공감'을 느낀 시간은 대부분 함께 그림책을 읽을 때였습니다. 남편과 자녀를 두고, 달라도 너무 다르고 절대 맞는 법이 없어서 '로또'라고 부른다고 하지요. 저와 제 딸아이도 성향이 다르지만, 그림책을 읽을 때와 그림책 놀이를 할 때만큼은 같은 마음이 되었어요. (물론 그림책 취향도 다를 때가 있었지만 아이가 크고 보니 지금은 좋은 순간만 기억에 남네요.) 아이의 어린 시절부터 좋은 관계를 꾸준히 쌓아 놓지 않으면 사춘기가 되었을 때 서로를 이해하기보다는 감정의 날부터 세우게 됩니다. 제 경우에는 어렸을 때부터 그림책을 읽으며 아이의 말에 맞장구쳐 주고 눈을 맞추었던 시간이 쌓이니, 그 마음이 사춘기까지 이어졌어요. 그렇다고 해서 늘 평화가 유지되는 것은 아니지만 비교적 슬기로운 사춘기를 보내고 있습니다. 대화가 별것인가요. 일상의 일들을 숨김없이 편하게 꺼내 놓는 것이 대화이지요. 아이가 '내가 이 말을 했을 때 엄마가 어떤 반응을 보일까?' 하고 눈치를 보기 시작하면, 결국 마음의 문을 닫는다고 생각해요. '내가 어떤 말을 해도 우리 엄마는 나를 혼내지 않아' '엄마는 내 마음을 이해해 줄 거야'라는 믿음을 주는 것이 가장 중요한데 저는 그림책을 읽고 일상의 대화를 자주 나누며 '소통이 된다는 믿음'을 많이 쌓아 두었어요.

대화는 사춘기가 찾아온 후에 하려고 하면 늦습니다. 어린 시절부터 아이의 말을 경청하고 이해하려는 노력을 자주 보여 주세요. 작정하고 대화하려고 하면 쉽지 않지만, 그림책을 매개체로 이야기를 나누면 어렵지 않아요. 같은 것을 바라보며 '공감'하는 것만큼 행복한 일이 또 있을까요. 그런 의미에서 저와 딸아이에게 그림책은 단순한 그림책이 아닌, 그 이상의 존재입니다.

이 책을 읽는 법

📙 **유치원에서는 놀이 중심의 개정누리과정,
집에서는 확장 읽기와 그림책 놀이**

2020년 3월부터 시작된 개정누리과정은 유아가 주도하는 놀이 중심의 교육입니다. 유치원에서 놀이 중심으로 신나는 일과를 보내고 왔다면 가정에서는 관련 그림책과 그림책 놀이를 통해 아이의 관심사를 더 확장하고 심화할 수 있도록 도와주는 것에 중점을 두어야 합니다. 이 책은 아이의 흥미를 끄는 그림책을 소개하고, 책과 함께 하면 좋은 그림책 놀이 방법을 알려 줍니다. 그림책 읽기부터 놀이, 그림책 큐레이팅까지 3단계로 구성했습니다.

 **꿈책맘 이야기 놀이**

각 장의 주제별 추천 그림책과 책의 간단한 줄거리를 소개합니다. 아이와 이야기의 물꼬를 틀 수 있는 대화 예시도 실었어요. 시작이 어려울 뿐, 일단 시작하면 아이는 수다쟁이가 된답니다. 그림책을 끝까지 읽어야 한다는 조급함은 잠시 내려놓고 아이의 이야기를 끝까지 들어 주세요.

STEP 2 꿈책맘 만들기 놀이

목차 순서대로 따르지 않고 아이가 좋아하는 주제의 그림책 놀이를 먼저 해도 됩니다. 추운 겨울에 여름의 추억을 떠올리며 여름 활동을 할 수도 있고, 무더운 여름에는 겨울을 떠올리며 시원한 기분을 느낄 수도 있어요. 독후 활동이 아니어도 괜찮습니다. 그림책 놀이를 먼저 하면서 아이의 흥미를 높이고 관련 그림책을 읽어도 좋아요.

STEP 3 각 장의 주제 그림책 더 읽어 보기

첫 번째 책 《꿈꾸는 아이의 그림책 놀이》에 책 육아 경험과 비법을 담았다면, 이번 책에는 놀이와 함께 연계 독서를 할 수 있도록 그림책 큐레이션을 보강했습니다. 제 딸아이가 어린 시절 재미있게 읽었던 책뿐만 아니라 신간 도서들도 넣었습니다. 제목만 보고 연계 그림책이라고 추측하는 오류를 범하지 않도록 도서관에 가서 직접 읽어 보고 주제별로 분류했으며 아이들이 흥미롭게 읽을 수 있는 책 위주로 선정하였습니다.

SPECIAL PAGE 꿈책맘의 그림책 큐레이션

주제별로 제시한 꿈책맘 그림책 큐레이션 목록처럼 아이가 좋아하는 주제의 그림책 꾸러미를 만들어 보세요. 로봇 책 꾸러미, 고양이 책 꾸러미, 물고기 책 꾸러미 등 무엇이든 좋아요. 도서관에서 빌린 책과 집에 있는 책을 함께 넣어 구성하면 책장에서 잠자고 있던 책도 재미있게 읽을 수 있어요. 아이에게 "오늘은 고양이 책의 날이야. 우리 고양이 책을 찾아보자!" 하고 말하면 아이도 열심히 동참할 거예요. 고양이와 거리가 멀고, 설사 고양이가 한 페이지만 나오는 책이어도 "용케 찾았네! 엄마는 몰랐는데!" 하고 칭찬해 주세요.

일러두기
- 그림책 추천은 신간 위주로 목록을 작성했지만, 절판된 그림책도 일부 포함되어 있습니다. 절판되었지만 꼭 소개하고 싶은 그림책은 제외하기 아쉬워서 목록에 넣었으며, 구매하기가 어렵다면 도서관에서 대출해서 읽으면 됩니다.
- 그림책의 주제는 하나로 특정하기 어려운 경우가 많아서 다양한 주제를 담은 그림책은 가장 중심된 주제를 기준으로 목록을 작성했습니다.

차례

프롤그
그림책에 진심인 꿈책맘의 당부 4
이 책을 읽는 법 8
그림책 놀이 기본 준비물 14

PART 1 계절

- **01** 《춤바람》 읽고 유산지 컵으로 향기 나는 꽃 부채 만들기 22
- **02** 《아이스크림이 꽁꽁》 읽고 헌 양말로 아이스크림콘 만들기 28
- **03** 《물웅덩이로 참방!》 읽고 유산지 컵으로 입체 우산 만들기 34
- **04** 《낙엽 스낵》 읽고 휴지 심과 낙엽으로 알록달록 가을 나무 콜라주 만들기 40
- **05** 《두더지의 소원》 읽고 플레이콘으로 꼬마 눈사람 삼총사 만들기 46

 꿈책맘의 그림책 큐레이션 54

PART 2 나와 가족, 친구

- **06** 《상자 거북》 읽고 택배 상자로 거북 만들기 62
- **07** 《숲속 사진관》, 《숲속 사진관에 온 편지》 읽고 가족사진 액자 꾸미기 70
- **08** 《시간 계단》 읽고 할머니 할아버지께 드릴 카네이션 카드 만들기 76
- **09** 《용기를 내, 비닐장갑!》 읽고 비닐장갑 캐릭터 만들기 84

 꿈책맘의 그림책 큐레이션 92

PART 3 집 안의 물건

10 《따듯한 내 친구 이불이》 읽고 색종이 직조 짜기로 이불 만들기　100

11 《세탁 소동》 읽고 상자와 재활용품으로 미니 세탁기 만들기　106

SPECIAL PAGE 꿈책맘의 그림책 큐레이션　112

PART 4 우리나라

12 《설빔》 읽고 색종이로 한복 만들기　116

13 《날아라! 똥제기》 읽고 비닐봉지로 제기 만들기　126

14 《꼭꼭 숨어라-》 읽고 클레이로 송편과 화전 만들기　130

SPECIAL PAGE 꿈책맘의 그림책 큐레이션　137

PART 5 탈것

15 《출동! 아빠 자동차》 읽고 휴지 심으로 자동차 만들기　140

16 《바무와 게토의 하늘 여행》 읽고 휴지 심으로 비행기 만들기　146

17 《빠앙! 기차를 타요》 읽고 편지 봉투로 기차 만들기　152

18 《두근두근 펭귄 유람선》 읽고 재활용품으로 배 만들기　160

SPECIAL PAGE 꿈책맘의 그림책 큐레이션　166

PART 6 다양한 동물

- 19 《바다 100층짜리 집》 읽고 입체 바닷속 풍경 꾸미기   170
- 20 《무슨 줄일까?》 읽고 동물 모양 쿠키 만들기   176
- 21 《곤충들의 운동회》, 《곤충들의 축제》 읽고 휴지 심으로 곤충 만들기   184
- 22 《쿵쿵》 읽고 편지 봉투로 공룡 손 인형 만들기   192

 꿈책맘의 그림책 큐레이션   199

PART 7 인체와 건강

- 23 《엉덩이 심판》 읽고 응가 미로 만들기   202
- 24 《치카왕자》 읽고 요거트 용기로 치아 모형 만들기   210
- 25 《공포의 새우눈》 읽고 종이접기로 깜빡이는 눈 만들기   216

 꿈책맘의 그림책 큐레이션   222

PART 8 채소와 과일, 식습관

- 26 《으쌰으쌰 당근》 읽고 색종이로 당근 농장 만들기 **228**
- 27 《과일이 툭!》 읽고 색종이로 입체 과일 모빌 만들기 **236**
- 28 《브로콜리지만 사랑받고 싶어》 읽고 휴지 심으로 브로콜리 만들기 **244**

 꿈책맘의 그림책 큐레이션 **250**

PART 9 지구와 우주

- 29 《내 친구 지구》 읽고 클레이로 지구 만들기 **256**
- 30 《우주 택배》 읽고 색종이와 물감으로 우주 풍경 만들기 **262**
- 31 《별자리를 만들어 줄게》 읽고 나만의 별자리 만들기 **270**

 꿈책맘의 그림책 큐레이션 **276**

에필로그
그림책 읽기는 신나고 즐겁게! 꼭 기억하세요! **278**

 ## 그림책 놀이 기본 준비물

재활용품

휴지 심

두루마리 휴지를 사용한 뒤 남는 휴지 심을 잘 모아 두면 다양한 만들기 활동에 사용할 수 있어요. 색종이를 감싸서 다양한 동물 인형을 만들 수도 있고 서로 붙이거나 이어서 조형물을 만들 수도 있습니다. 너무 많이 모아 두면 처치 곤란이 될 수도 있으니 10~15개 정도로 적당한 양만 모아 두세요.

택배 상자

집에 오는 각종 크기의 택배 상자를 버리지 않고 모아 두면 다양한 용도로 만들기 놀이에 사용할 수 있어요.

포장용 에어캡

에어캡, 일명 '뽁뽁이'는 아이들의 좋은 놀잇감이 되는데요. 터뜨리면서 놀아도 좋지만, 물감을 바르고 도화지에 찍으면 오톨도톨한 돌기로 인해 독특한 효과가 납니다. 충전재용 솜이 없을 때는 에어캡을 뭉쳐서 솜 대용으로 사용해도 좋아요.

다양한 모양의 플라스틱 뚜껑
페트병이나 빙과류 용기의 뚜껑을 모아 두면 만들기를 할 때 유용해요. 자동차의 바퀴 또는 버튼이 되기도 합니다.

빵끈
모루가 준비되지 않았을 경우 대신해서 사용할 수 있어요.

문구류, 생활용품

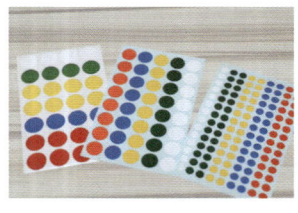

원형 스티커(분류용 라벨)
여러 가지 사이즈와 색상의 원형 견출 스티커를 사 두면 만들기 작품에 장식할 수 있어요. 흰색의 원형 견출 스티커에 다양한 눈 모양을 그리면 눈동자 스티커가 됩니다. 시판되고 있는 스티커도 있지만 아이가 직접 개성이 담긴 눈을 만들 수 있다는 장점이 있어요. 또한 스티커를 모아 붙여 꽃 모양을 만들거나 숫자 관련 그림책을 읽고 숫자에 맞는 개수의 스티커를 붙이며 수학 놀이도 할 수 있답니다.

인형 눈
뒷면이 스티커로 된 것이 사용하기 편해요. 스티커 형태가 아니라면 글루건을 사용해서 붙이면 됩니다.

A4 팬시 용지(80mg)
다양한 색으로 준비해 놓으면 큰 사이즈의 색종이가 필요할 때 사용할 수 있어요. 또한 흑백 도안을 컬러 종이에 출력하면 컬러 잉크로 출력하는 것과는 또 다른 선명한 느낌이 납니다.

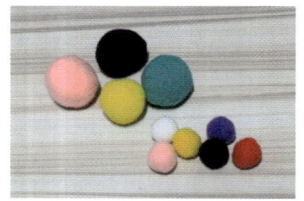

폼폼
폭신폭신한 털 방울이에요. 여러 가지 색상과 크기로 준비해 두면 만들기 재료로 다양하게 사용할 수 있습니다.

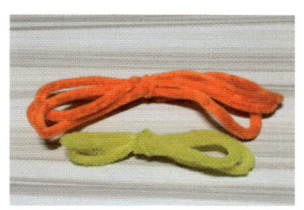

모루
철사를 실과 함께 꼬아서 만든 공작 재료로 빨대 컵의 빨대를 닦는 솔과 비슷한 형태예요. 가위로 쉽게 잘리고 구부리기 쉬워서 다양한 모양을 만들 수 있어요. 잘린 부분에 철사가 뾰족하게 튀어나와 다칠 수 있으니 잘린 단면을 조심해야 합니다. 가위로 자른 후에 끝부분을 살짝 접어 주면 안전하게 사용할 수 있어요.

도일리 페이퍼
코바늘 손뜨개 느낌을 주는 동그란 모양의 장식용 종이예요. 카드를 만들거나 포장할 때 사용하면 예쁜 장식 효과를 낼 수 있어요.

유산지 주름 컵
베이킹할 때 사용하는 주름 컵으로 생활용품 판매점에 가면 살 수 있어요.

플레이콘
옥수수 전분으로 만든 놀잇감으로 어린아이들도 쉽게 다룰 수 있는 미술 재료예요. 물을 묻혀 다양한 결과물을 만들 수 있지요. 플레이콘에 바로 물을 묻히면 플레이콘이 많이 녹을 수 있어요. 물에 적신 키친타월을 그릇에 담아 준비하고, 스탬프에 잉크를 묻히듯 플레이콘에 콕콕 물을 묻혀서 적당한 양으로 조절하면 됩니다.

고정하고 붙이는 재료

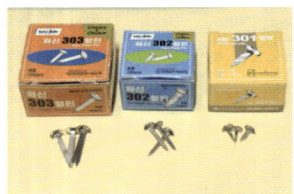

할핀
종이를 고정할 때 사용하는 핀 형태의 클립이에요. 종이 인형의 팔과 다리를 움직이게 만들거나 비행기 프로펠러처럼 빙글빙글 돌아가는 부분에 사용하면 좋아요. 금속 재질이며 핀의 끝부분은 뾰족해서 아이 손이 찔릴 수 있으니 조심해 주세요. 핀을 벌려 고정하고 그 위에 투명 테이프를 붙이면 좀 더 안전합니다.

고무 자석 테이프
전단지 뒤에 붙어 있는 고무 자석 테이프를 재활용해도 되고 롤로 되어 있는 테이프를 사도 됩니다. 생활용품 판매점에서 살 수 있어요.

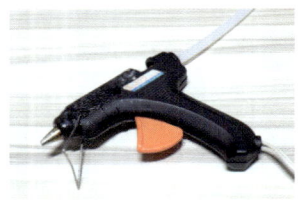

글루건(핫멜트 접착제)
플라스틱, 목재, 헝겊 등 다양한 재료를 붙일 때 유용해요. 건조가 빠르고 접착력이 강한 것이 큰 장점입니다. 하지만 글루건에 플라스틱 접착 심을 꽂고 높은 온도로 플라스틱을 녹여서 사용하는 전기 제품이라 조심하지 않으면 화상을 입을 수 있어요. 플러그를 뽑아도 접착제를 쏘는 금속 노즐이 완전히 식을 때까지 오랜 시간이 걸리니 반드시 아이의 손이 닿지 않는 곳에서 식혀 주세요. 어린아이와 함께 사용할 때는 특히 조심해야 하는 도구입니다.

목공풀
글루건을 대체하는 접착제로 안전하게 사용할 수 있어요. 나무와 헝겊을 붙일 때 특히 유용하지만 플라스틱 재질에는 접착력이 약해요. 마르기까지 오랜 시간이 걸리지만 일단 마르고 나면 접착력이 강합니다. 처음에 풀을 발랐을 때 지저분해 보여도 걱정하지 마세요. 완전히 마르면 투명해집니다.

투명풀

물풀보다는 투명 풀이 사용하기 좋습니다. 물풀은 종이가 젖으면 쭈글쭈글해지는 단점이 있고, 딱풀은 아이들이 힘 조절을 못 해서 쉽게 으깨진다는 단점이 있어요. 투명 풀도 세게 누르면 으깨지지만, 딱풀보다는 단단한 편이고 접착력도 좋아요.

자르는 도구

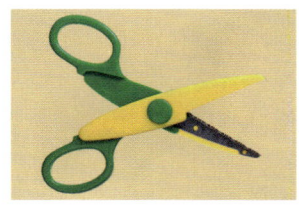

가위, 칼

아이가 처음에는 가위질이 재미있어서 아무거나 자를 수 있으니 종이만 자를 수 있는 유아용 안전 가위를 사용하면 좋아요. 아무거나 자르면 안 된다는 것을 알게 되면 어린이용 공작 가위를 사용합니다. 칼을 사용할 때는 손이 다치지 않게 주의해야 합니다.

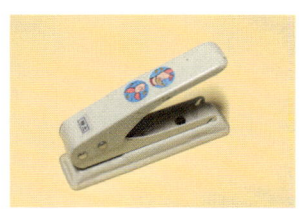

펀치

기본적인 원형 펀치가 있으면 구멍을 뚫거나 장식할 때 유용하게 사용할 수 있어요. 구멍을 뚫으며 펀치에 모이는 동그란 종이 부스러기도 풀로 붙여서 장식용으로 사용할 수 있습니다.

계절을 주제로 한 그림책은 계절에 맞춰 읽어도 좋지만
더운 여름에는 겨울 그림책을,
추운 겨울에는 따뜻한 봄 그림책을 읽어 보세요.
그림책은 우리가 가고 싶은 계절로 데려다주는 마법을 부립니다.

PART 01

계절

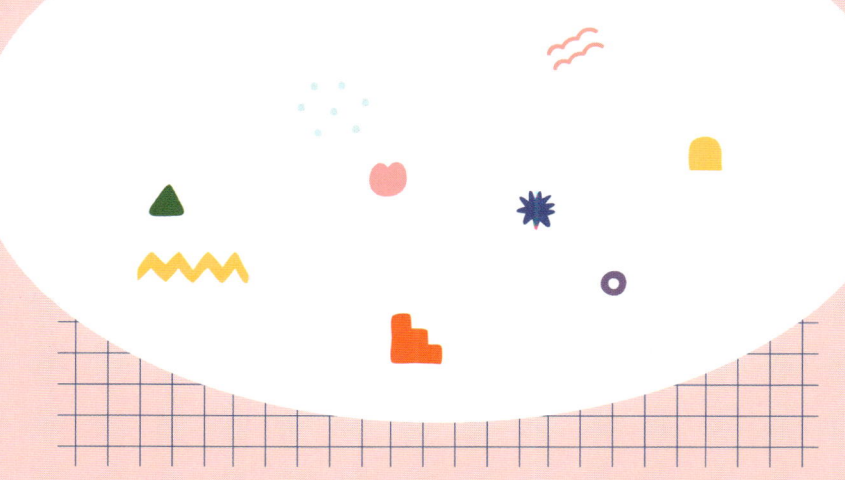

01. 《춤바람》 읽고 유산지 컵으로 향기 나는 꽃 부채 만들기

겨울이 지나고 봄이 오면 초록색 나뭇잎과 알록달록 예쁜 꽃들이 자연에 생기를 더해 줍니다. 삭막하기만 했던 겨울 풍경에서는 꽃나무인 줄도 몰랐던 식물들도 그 존재감을 드러내지요. 아이와 놀이터나 공원에서 아름다운 꽃을 구경해 보세요. 마음껏 꽃구경을 했다면 엄마와 함께 봄나들이를 간 아이들의 이야기, 《춤바람》을 읽고 꽃 부채를 만들어 보아요.

꿈책맘 추천 그림책과 공감 포인트

춤바람
박종진 글, 송선옥 그림
소원나무 | 2021

이 그림책은요

엄마와 함께 봄나들이하러 간 개구쟁이 형제 선동이와 율동이의 이야기예요. 엄마는 아이들의 모습을 예쁘게 사진으로 남기고 싶은데 장난기 가득한 둘째 율동이는 촬영에 협조할 생각이 없어 보여요. 추억을 기록하고 싶은 엄마와 달리 아이들은 신나게 뛰어놀고 싶은 마음만 가득한데요. 엄마의 속상한 마음을 눈치챈 첫째 선동이는 엄마와 깜찍한 거래를 하고 동생이 사진을 찍도록 작전을 세워 엄마를 돕습니다. 봄바람 따라 춤바람이 난 두 형제를 따라 씰룩씰룩 춤을 추게 되는 그림책이에요.

꿈책맘 이야기 & 동작 놀이

📖 이 책에는 꽃과 곤충을 흉내내는 10가지 춤이 등장해요. 나비춤, 곰춤, 엉덩이춤, 접시춤, 조개춤, 어깨춤, 너울춤, 방울춤, 용춤, 번개춤입니다. 선동이와 율동이를 따라 춤을 춰 보고 한 사람이 춤을 추면 다른 한 사람이 춤 이름을 맞추는 놀이를 해 보세요.

📖 봄에 볼 수 있는 꽃과 곤충, 동물의 모습을 본따 나만의 춤을 만들어 보세요. 애벌레의 동작을 따라 하는 '애벌레춤', 붕붕 날아다니는 꿀벌을 따라 하는 '벌춤'도 재미있을 거예요.

📖 춤 추는 동작을 할 때 책 속에 등장하는 다양한 의성어, 의태어를 함께 곁들여 보세요. 놀이가 더욱 풍성해지고 아이들이 그 의미를 더 쉽게 익힐 수 있어요.

👩 팔랑팔랑 나비춤을 춰 보자.

👫 저는 쿵쾅쿵쾅 곰춤을 출래요.

📖 〈즐겁게 춤을 추다가 그대로 멈춰라〉 노래를 부르며 사진 찍기 놀이를 해 보세요. 그림책 속의 형제처럼 춤을 추다가 노래가 끝나는 순간 동작을 멈추면 엄마는 그 순간에 스마트폰으로 사진을 찍어 주세요. 우스꽝스러운 자세로 멈추면 더 재미있는 놀이가 된답니다.

STEP 2 꿈책맘 만들기 놀이

꽃이 피어난 초록 덤불을 닮은 부채를 만들어
꽃향기 가득한 봄을 느껴 보세요.

 ▶ 만들기 영상 보러 가기

- **준비물**
  - ☐ 초록색 색지 3장(A4 사이즈)
  - ☐ 주름 유산지 컵(지름 약 7cm)
  - ☐ 폼폼 장식
  - ☐ 연필
  - ☐ 글루건
  - ☐ 풀
  - ☐ 가위

○ 놀이 시작

1. 초록색 색지를 세로 방향으로 반씩 3번을 접은 다음 펼칩니다. 접힌 선을 따라 앞뒤로 번갈아가며 부채 주름을 접어 주세요. 그다음 반으로 접어 풀을 붙이면 부채 모양이 됩니다. 같은 방법으로 부채 3개를 만들어 서로 이어 붙여 주세요.

꽃잎 모양 그리기

TIP
유산지 컵을 2장씩 겹쳐서 오리면 여러 번 오리는 수고를 덜 수 있어요.

2. 주름 유산지 컵을 사진과 같이 반으로 3번 접은 후 꽃잎 모양을 그려 주세요. 그다음 가위로 오려 펼치면 잎이 8장인 꽃이 완성됩니다.

③ 다양한 색의 유산지 컵을 오려 꽃을 만든 후 서로 다른 색을 두 장씩 겹쳐서 풀로 붙여 주세요. 꽃의 중심에는 폼폼이나 단추 또는 비즈 장식을 글루건으로 붙여 장식합니다.

④ 완성한 꽃송이를 글루건을 사용해서 풀숲에 붙여 주세요.

만들기 놀이 TIP

- 폼폼에 아로마 오일을 바르거나 향수를 뿌려 주면 향기로운 꽃이 완성됩니다. 아이가 냄새에 민감하다면 향수 뿌리기는 생략해도 됩니다.
- 아이와 완성한 꽃 부채를 들고 살랑살랑 부채춤을 춰 보세요.

STEP 3 봄을 주제로 한 그림책 더 읽어 보기

팔랑팔랑

천유주 글·그림,
이야기꽃 | 2015

꼭꼭 봄바람

송현주 글·그림,
반달 | 2017

민들레 버스

어인선 글·그림,
봄봄출판사 | 2018

봄 숲 놀이터

이영득 글, 한병호 그림,
보림 | 2017

봄 선물이 와요

도요후쿠 마키코 글·그림,
김소연 옮김,
천개의바람 | 2021

누에콩의 어느 봄날

나카야 미와 글·그림,
김난주 옮김,
웅진주니어 | 2018

봄꽃이 궁금해 봄 속으로 풍덩

주미경 글, 김연주 그림,
키즈엠 | 2018

연두

소중애 글·그림,
봄봄출판사 | 2020

봄은 고양이

이덕화 글·그림,
길벗어린이 | 2021

주렁주렁 열려라

황선미 글, 이희은 그림
웅진주니어 | 2019

벚꽃이 살랑

이수연 글,
조에스더 그림,
키즈엠 | 2022

02 《아이스크림이 꽁꽁》 읽고 헌 양말로 아이스크림콘 만들기

입 안에서 살살 녹는 아이스크림을 먹고 있으면 더위도 잠시 잊게 됩니다. 평소 아이의 군것질에 엄격한 엄마일지라도 한여름의 무더위에는 아이스크림을 쉽게 허락하게 되지요. 언제 먹어도 맛있지만, 여름에 특히 더 맛있는 아이스크림의 매력을 그림책과 만들기 놀이로도 즐겨 보세요.

꿈책맘 추천 그림책과 공감 포인트

아이스크림이 꽁꽁
구도 노리코 글·그림,
윤수정 옮김
책읽는곰 | 2018

이 그림책은요

《우당탕탕 야옹이》 시리즈의 다섯 번째 이야기로, 말썽꾸러기 야옹이들이 아이스크림 공장에 출몰합니다. 야옹이들은 아이스크림 가게에서 공장으로 회수되는 빈 통에 숨어 아이스크림 공장에 잠입하고, 신나게 아이스크림을 먹어요. 하지만 아이스크림 공장이 얼음 나라에 있었던지라 공장을 나서자마자 혹독한 추위에 얼어붙고 마는데요. 다행히도 공장에서 일을 돕는 꼬마 펭귄이 야옹이들을 발견하고 온정의 손길을 베풀어 준 덕분에 언 몸을 녹이고 정신을 차립니다. 그러던 중 자신을 도와준 꼬마 펭귄이 범고래의 습격을 받자 정의감을 발휘하는데요. 그저 아이스크림이 먹고 싶었던 야옹이들이 뜻하지 않은 모험을 하고 위기를 헤쳐 나가는 모습이 큰 재미를 선사해요.

STEP 1 꿈책맘 이야기 놀이

📖 책에 등장하는 야옹이들은 아이스크림을 몰래 먹다가 결국 곤경에 빠지고 말아요. 야옹이들처럼 먹고 싶은 간식을 몰래 먹으면 어떻게 될까요? 만약 내가 야옹이라면 어떻게 할지 아이와 함께 이야기 나누어 보세요.

👩 엄마라면 멍멍 씨의 아이스크림 가게에 찾아가서 일하게 해달라고 부탁하고, 일해서 번 돈으로 아이스크림을 사 먹을 거야.

📖 매일 말썽만 부리는 야옹이들이지단 도움을 준 꼬마 펭귄이 위험에 빠진 것을 보고 그냥 지나치지 않았거요. 이처럼 주변의 누군가가 곤경에 빠진다면 도와주어야 해요. 아이와 함께 주변 친구에게 도움을 받은 경험이나 친구를 도와준 경험을 떠올려 보고 이야기 나누어 보세요.

👩 예전에 엄마가 회사에 다닐 때, 아침에 지하철을 타고 가다가 갑자기 현기증이 나서 쓰러진 적이 있었어. 그때 어떤 여자분이 자리를 양보해 줘서 엄청나게 고마웠어.

👫 매일 저에게 장난을 치는 ○○이가 장난감 정리를 도와줘서 놀라기도 하고 고마웠어요!

STEP 2 꿈책맘 만들기 놀이

집에 있는 구멍 난 헌 양말로 아무리 더워도
녹지 않는 아이스크림을 만들어 보세요.

○ **준비물**

- ☐ 크라프트지
   (또는 연한 갈색 색지)
- ☐ 헌 양말(어린이용)
- ☐ 에어캡 또는 솜
- ☐ 폼폼
- ☐ 장식용 구슬
- ☐ 빵끈
- ☐ 갈색 사인펜
- ☐ 연필
- ☐ 자
- ☐ 컴퍼스
   (또는 지름 21cm 정도의 접시)
- ☐ 가위
- ☐ 풀
- ☐ 글루건
- ☐ 투명 테이프

○ 놀이 시작

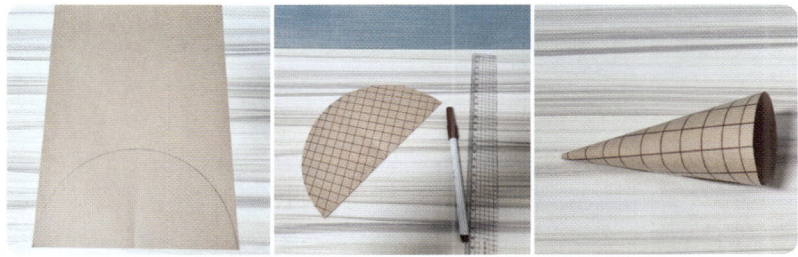

① 컴퍼스를 이용해서 크라프트지에 지름 21cm의 반원을 그린 후 가위로 오려 주세요. 오려 낸 크라프트지에 자를 대고 갈색 사인펜으로 아이스크림콘 과자의 격자무늬를 그려 준 다음, 고깔 모양으로 동그랗게 말아서 투명 테이프로 붙입니다.

TIP 컴퍼스가 없다면 집에 있는 접시를 이용해도 좋아요.

② 양말 끝에 에어캡이나 솜을 넣어 동그랗게 만들고 빵 끈으로 묶은 후 나머지 부분을 가위로 잘라 내면 아이스크림이 됩니다.

③ ①에서 만든 아이스크림콘 안쪽에 글루건으로 접착제를 바른 다음 ②에서 만든 아이스크림을 붙입니다. 아이스크림은 글루건으로 폼폼과 구슬을 붙여 장식해 주세요.

STEP 3 여름을 소재로 한 그림책 더 읽어 보기

🌀 여름 먹거리 그림책

꽁꽁꽁

윤정주 글·그림,
책읽는곰 | 2016

꽁꽁꽁 아이스크림

윤정주 글·그림,
책읽는곰 | 2022

냠냠 빙수

윤정주 글·그림,
책읽는곰 | 2017

팥빙수의 전설

이지은 글·그림,
웅진주니어 | 2019

팥죽 할멈과 팥빙수

곽영미 글·그림,
숨쉬는책공장 | 2017

빙수 빙수 팥빙수

하린 글·그림,
키즈엠 | 2016

아이스크림

안단테 글, 강은옥 그림
우주나무 | 2020

아이스크림 주세요

안자이 미즈마루 글·그림,
김영희 옮김,
미디어창비 | 2018

달 샤베트

백희나 글·그림,
책읽는곰 | 2014

만두의 더운 날

윤식이 글·그림,
소원나무 | 2020

얼음 나라: 사라진 보물을 찾아서

수아현 글·그림,
웅진주니어 | 2021

내 아이스크림 내놔!

이선민 글·그림,
느림보 | 2015

🔵 여름을 주제로 한 그림책

흰곰 가족의 신나는 여름휴가

오오데 유카코 글·그림,
김영주 옮김,
북스토리아이 | 2019

수박 수영장

안녕달 글·그림,
창비 | 2015

달밤 수영장

간장 글·그림,
보랏빛소어린이 | 2021

모두 참방

보람 글·그림,
길벗어린이 | 2022

풍덩 수영장

박소정 글·그림,
보리 | 2019

수영장

이지현 글·그림,
이야기꽃 | 2013

파란 분수

최경식 글·그림,
사계절 | 2016

여름밤에

문명예 글·그림,
재능교육 | 2019

할머니의 여름휴가

안녕달 글·그림,
창비 | 2016

여름휴가

장영복 글, 이혜리 그림,
국민서관 | 2010

모기 잡는 책

진경 글·그림,
고래뱃속 | 2019

두더지의 여름

김상근 글·그림,
사계절 | 2022

03. 《물웅덩이로 참방!》 읽고 유산지 컵으로 입체 우산 만들기

우리나라 여름 날씨의 특징은 덥고 비가 많이 오는 '장마'가 있다는 것이에요. 종종 갑작스레 소나기가 찾아오기도 하지요. 비가 많이 오면 외출하지 않고 집 안에 있는 것이 보통이지만, 가끔은 아이와 우산을 들고 나가 물웅덩이에서 첨벙거리며 신나게 놀아 보세요. 우산에 떨어지는 빗소리를 듣고 빗방울을 느끼며 생생한 체험을 해 보는 것도 좋습니다.

꿈책맘 추천 그림책과 공감 포인트

물웅덩이로 참방!
염혜원 글·그림
창비 | 2016

이 그림책은요

비 오는 날 엄마와 함께 하는 상상놀이를 담은 그림책이에요. 비가 오면 밖에 나가 놀 수 없기에 주인공 아이는 잔뜩 심통이 났습니다. 그림을 그리며 집에서 재미있게 놀자는 엄마의 제안에도 콧방귀를 뀌는데요. 엄마가 먼저 그림을 그리기 시작하자, 아이도 어느새 그림에 몰입하며 그려 달라고 하는 것이 많아져요. 스케치북 그림 속에서 엄마와 아이, 반려견 백구는 우산을 쓰고 걷다가 빗물이 고인 물웅덩이에 들어가 신나는 놀이를 합니다. 상상으로 시작된 이야기가 현실로 매끄럽게 연결되는 구성이 독특하고 아이와 엄마의 소소한 대화가 아주 흔한 현실적인 대화라서 공감이 갑니다. 쇠붙이가 자석에 이끌리듯 물웅덩이만 보면 뛰어들어 철벅거리기 좋아하던 제 아이의 어린 시절 모습이 떠오르며 마음이 몽글몽글해져요.

 **꿈책맘 이야기 놀이**

 비 오는 날과 관련된 의성어, 의태어를 이야기해 보세요.

 빗방울이 우산에 떨어질 때는 툭툭, 토독토독, 탁탁탁 소리가 나.

 빗방울이 모여서 흐르면 졸졸졸, 주루룩 소리가 나요.

 갑자기 내리는 소나기는 쏴아 소리를 내면서 퍼붓지.

 물웅덩이에 들어가서 놀면 철벅철벅, 첨벙첨벙 소리가 나요.

 비를 표현하는 단어를 이야기해 보세요.

- 안개비: 빗줄기가 매우 가늘고 안개처럼 부옇게 보이는 비
- 보슬비: 바람이 없는 날에 가늘고 성기게 조용히 내리는 비
- 이슬비: 아주 가늘게 내리는 비
- 가랑비: 가늘게 내리는 비로 이슬비보다는 조금 굵게 내리는 비
- 소나기: 갑자기 세차게 쏟아지다가 곧 그치는 비로 특히 여름에 자주 오는 비
- 장대비: 장대처럼 굵고 거세게 내리는 비

이야기 놀이 TIP

욕실에서 아이에게 우산을 펼쳐 들게 하고 엄마가 우산 위로 샤워기 물을 뿌려 주면 재미있는 놀이가 됩니다. 이때 샤워기 물의 세기를 조절하며 가랑비와 소나기의 차이를 알려 주세요. 샤워기 대신 분무기로 물을 뿌리면 안개비와 보슬비가 됩니다.

STEP 2 꿈책맘 만들기 놀이

아이 사진으로 비 오는 날 풍경을 꾸미고,
비가 오면 하고 싶은 놀이에 대해서도 이야기 나눠 보세요.

- **준비물**
  - ☐ 회색 색지(A4 사이즈)
  - ☐ 아이 사진(우비를 입은 사진이면 더 좋아요)
  - ☐ 주름 유산지 컵(지름 11cm)
  - ☐ 파랑 색종이, 검정 색종이
  - ☐ 풀
  - ☐ 가위
  - ☐ 연필

○ 놀이 시작

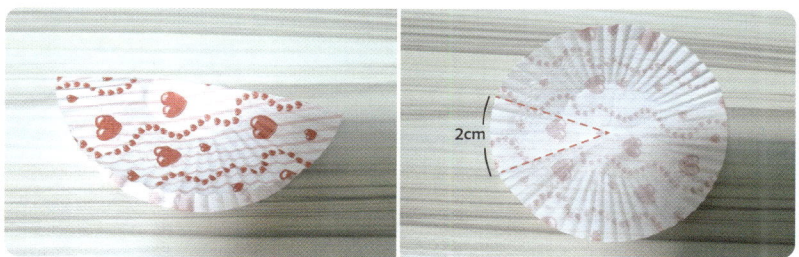

① 유산지 컵을 반으로 접은 뒤, 사진과 같이 부채꼴의 호 부분을 2cm 정도 겹치게 접어 주세요. 이렇게 접으면 우산의 입체감이 살아나서 더 예뻐요.

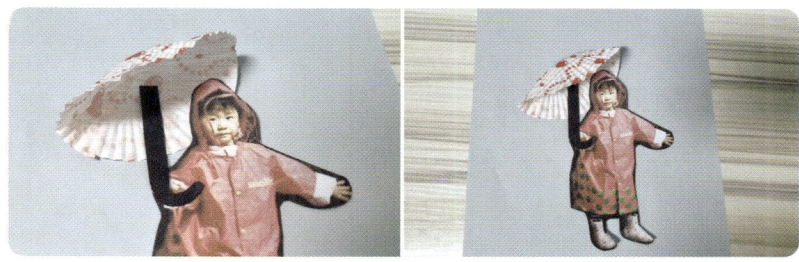

② 회색 색지 위에 유산지 컵으로 만든 우산과 아이 사진, 검정 색종이로 만든 손잡이를 차례로 붙입니다. 우산을 쓴 모습을 연출하기 위해 아이의 얼굴을 유산지 컵 우산 안쪽에 붙여 주세요.

③ 파랑 색종이를 여러 겹 겹쳐서 빗방울 모양으로 오린 다음, 회색 색지와 우산 위에 골고루 붙입니다. 남은 파랑 색종이로는 물웅덩이 모양을 오려서 붙여 주세요.

STEP 3　비를 소재로 한 그림책 더 읽어 보기

비가 오는 날에

이혜리 글, 정병규 꾸밈,
보림 | 2001

먹구름 열차

고수진 글·그림,
책읽는곰 | 2021

소나기 놀이터

박성우 글, 황로우 그림,
창비 | 2019

비야, 그만

이지연 글·그림,
소동 | 2021

이렇게 멋진 날

리처드 잭슨 글,
이수지 그림·옮김,
비룡소 | 2017

비 안 맞고 집에 가는 방법

서영 글·그림,
웅진주니어 | 2019

비 오는 날 숲속에는

타카하시 카즈에 글·그림,
황진희 옮김,
천개의바람 | 2021

참방참방 비 오는 날

후시카 에츠코 글,
모로 카오리 그림,
이은정 옮김,
우시로 요시아키 기획,
키다리 | 2019

여름휴가 전날 밤

미야코시 아키코 글·그림, 김숙 옮김,
북뱅크 | 2019

비 오니까 참 좋다

오나리 유코 글,
하타 코우시로우 그림,
황진희 옮김,
나는별 | 2019

개구리 우산이 물었어

안효림 글·그림,
웅진주니어 | 2020

너는 누굴까

안효림 글·그림,
반달(킨더랜드) | 2017

비가 주룩주룩

다시마 세이조 글·그림,
김수희 옮김,
미래아이(미래M&B) | 2019

비 오는 날 생긴 일

노아(조히) 글·그림,
봄봄출판사 | 2019

동물비

박아림 글·그림,
월천상회 | 2021

야호! 비다

린다 애쉬먼 글,
크리스티안 로빈슨 그림,
김잎새 옮김,
그림책공작소 | 2016

Rain 레인

샘 어셔 글·그림,
이상희 옮김,
주니어RHK | 2018

빗방울이 후두둑

전미화 글·그림,
사계절 | 2016

위대한 전투

안드레아 안티노리 글·그림,
홍한결 옮김,
단추 | 2020

우산 대신 ○○

이지미 글·그림,
올리 | 2022

비를 처음 맞는 애벌레와 비를 딱 한 번 맞아 본 무당벌레

조슬기 글·그림,
향 | 2020

04 《낙엽 스낵》 읽고 휴지 심과 낙엽으로 알록달록 가을 나무 콜라주 만들기

가을이 되면 나뭇잎이 알록달록한 색으로 변해요. 자연 속에서 낙엽을 밟으며 바스락거리는 소리를 듣고 가을 햇살을 느끼는 것이 제일 좋은 체험학습이에요. 가을은 특히나 온몸으로 계절을 느끼기에 더욱 좋은 때라는 생각이 들어요. 서늘한 바람 덕분에 나들이하기도 좋지요. 단풍의 색이 다채로우니 시각적으로도 즐거워요. 여기에 바스락, 낙엽 밟는 소리와 촉감까지! 자연 체험에 그림책이 더해지면 아이에게 더욱 아름다운 가을로 기억될 거예요. 가을 나들이의 여흥을 아이만의 작품으로 남겨 보세요.

꿈책맘 추천 그림책과 공감 포인트

낙엽 스낵
백유연 글·그림
웅진주니어 | 2020

이 그림책은요

가을빛으로 곱게 물든 숲에서 아기 고라니가 예쁜 낙엽을 모으고 있어요. 아기 고라니는 모은 낙엽을 시냇물에 깨끗이 씻고 가을볕에 바짝 말려서 낙엽 스낵을 완성합니다. 그렇게 완성한 낙엽 스낵을 어떤 친구와 나누어 먹을까요? 바스락 소리를 내는 낙엽의 특성을 살려서 바삭한 스낵으로 만든다는 상상이 정말 예쁘고요. 색색의 낙엽으로 만든 낙엽 스낵은 어떤 맛일지 정말 궁금해집니다. 맛있는 음식은 함께 나누어 먹으면 더 맛있다는 점을 이야기하며 '나눔'에 대해서도 생각해 보세요.

STEP 1 **꿈책맘 이야기 & 그림 놀이**

📖 가을이 되면 나무들이 왜 알록달록한 옷으로 갈아입는지 이야기를 나누어 보세요. 단풍의 과학적 원리를 이해하기 어려운 유아들에게는 "우리가 옷을 갈아입는 것처럼 나무도 옷을 갈아입나 봐"라고 이야기해도 좋아요. 겨울에는 왜 옷을 입지 않느냐고 물으면 떨어진 낙엽들이 뿌리를 따뜻하게 덮어 준다고 이야기해 주세요.

📖 내가 나무라면 어떤 색 옷을 입고 싶은지 이야기를 나누어 보세요.

🧑‍🦰 은행잎은 노란색 옷을 좋아하고 단풍나무는 빨간색 옷을 좋아하나 봐. 우리 ○○이는 어떤 색 옷을 입고 싶어?

👦 저는 므지개 색 옷이 입고 싶어요.

🧑‍🦰 그럼 우리 집에 가서 스케치북에 다양한 색으로 나뭇잎을 색칠해 볼까?

📖 아이와 나뭇잎 프로타쥬 놀이를 해 보세요. 프로타쥬는 표면이 오톨도톨한 판 위에 종이를 대고 크레파스로 문질러 그림이 나타나게 하는 기법이에요. 나뭇잎 위에 얇은 종이를 올려 크레파스로 살살 칠하면 도화지에 나뭇잎의 잎맥이 나타나는데요. 아이와 나뭇잎과 잎맥의 모양에 대해 이야기 나누어 보세요.

STEP 2 꿈책맘 만들기 놀이

아이와 함께 낙엽을 모아서 예쁜 가을 나무를 꾸며 보세요.
낙엽을 함께 모으며 다양한 잎의 모양을 관찰할 수 있고,
소소하지만 즐거운 추억을 만들 수 있답니다.

- **준비물**
  - ☐ 낙엽 또는 인쇄한 낙엽 그림
  - ☐ 휴지 심
  - ☐ 색종이
  - ☐ 색지(노란색 또는 주황색)
  - ☐ 뚜껑, 접시 등 둥그런 물체 (또는 컴퍼스)
  - ☐ 양면 테이프
  - ☐ 가위

 준비물 준비 TIP

수집한 낙엽은 물에 씻은 뒤 키친타월 위에 올리고 물기를 말려 사용해 주세요. 낙엽은 작은 크기의 것을 모아야 색지 위에 많이 붙일 수 있어요.

○ **놀이 시작**

1. 노란색, 주황색 색지 위에 동그라미 모양을 그린 뒤 오려 주세요. 컴퍼스를 사용하거나 동그란 뚜껑, 접시 등 둥근 물체를 대고 그립니다. 저는 지름 10cm짜리 뚜껑과 지름 14cm짜리 그릇을 이용했어요.

TIP 동그라미가 너무 크면 휴지 심에 끼웠을 때 곧게 서지 않으니 지름 14cm를 넘지 않도록 합니다.

2. 휴지 심 양쪽을 3cm 길이로 잘라 색지를 끼울 틈을 만들어 주세요.

TIP 휴지 심을 위에서 봤을 때 서로 마주 보는 위치로 잘라댜 색지를 끼웠을 때 예뻐요.

3. ①에서 준비한 동그라미 모양 색지를 휴지 심에 끼워 나무 모양을 만들어 주세요.

4. 양면 테이프로 낙엽들을 붙이면 가을 나무가 완성됩니다.

STEP 3 가을 나무와 단풍을 소재로 한 그림책 더 읽어 보기

가을 나무

유하 글, 윤지혜 그림,
키즈엠 | 2019

도토리 줍기 싫은 날

주미경 글, 한차연 그림,
키즈엠 | 2019

나뭇잎 연날리기

루시 알봉 글·그림,
조정훈 옮김,
키즈엠 | 2013

다람쥐는 모를 거야

천미진 글, 강은옥 그림,
키즈엠 | 2018

이제 숲은 완벽해!

에밀리 그래빗 글·그림,
김소연 옮김,
주니어김영사 | 2017

감나무 아래에서

박진홍 글, 최지은 그림,
키즈엠 | 2015

커다란 나뭇잎

박은경 글,
서선정 그림,
웅진주니어 | 2021

나뭇잎 손님과 애벌레 미용사

이수애 글·그림,
한울림어린이 | 2015

꼬마 여우

니콜라 구니 글·그림,
명혜권 옮김,
여유당 | 2018

꼬마 여우의 사계절

니콜라 구니 글·그림,
명혜권 옮김,
여유당, 2020

관계

안도현 글, 이혜리 그림,
계수나무 | 2006

군고구마 잔치

사토 와키코 글·그림,
한림출판사 | 2009

노랑이들

조혜란 글·그림,
사계절 | 2017

빨강이들

조혜란 글·그림,
사계절 | 2019

나뭇잎이 달아나요

올레 쾨네케 글·그림,
임정은 옮김,
시공주니어 | 2008

또 누구게?

최정선 글, 이혜리 그림,
보림 | 2017

내가 만난 나뭇잎 하나

윤여림 글, 정유정 그림,
웅진주니어 | 2008

울긋불긋 가을 밥상을 차려요

김영혜 글·그림,
시공주니어 | 2014

05 《두더지의 소원》 읽고 플레이콘으로 꼬마 눈사람 삼총사 만들기

눈이 없다면 겨울이 얼마나 삭막할까요? 어렸을 때 눈이 하얗게 쌓인 날이면 아무도 밟지 않은 곳만 골라서 밟고 다녔던 기억이 납니다. 신발 아래로 뽀드득뽀드득 소리를 내는 눈의 감촉이 정말 좋았습니다. 그런데 제 아이도 똑같은 행동을 하더라고요. 누가 알려 주지 않아도 눈을 보면 모두 같은 마음이 되나 봅니다. 날씨가 추워서 몸이 자꾸 움츠러드는 겨울이지만, 눈이 오는 날만큼은 아이와 함께 밖으로 나가 눈 놀이를 해 보세요. 그리고 집에 돌아와 몸을 녹이며 그림책을 읽어 보는 건 어떨까요?

꿈책맘 추천 그림책과 공감 포인트

두더지의 소원
김상근 글·그림
사계절 | 2017

이 그림책은요 아무도 없는 하얀 눈길에서 마주친 작은 눈덩이와 친구가 된 꼬마 두더지의 이야기예요. 눈덩이는 아무 말이 없는데도 두더지는 눈덩이를 친구로 생각해요. 친구가 되었으니 집에 데려가려고 눈덩이를 굴리며 정류장으로 갑니다. 정류장에 도착하니 눈덩이는 매우 커다래졌지요. 버스가 도착했지만, 기사 아저씨가 눈덩이는 버스에 탈 수 없다고 합니다. 두더지는 눈덩이처럼 안 보이게 하려고 곰 모양으로 만들어 보지만, 이번에는 너무 커서 버스에 탈 수 없다고 합니다. 어떻게든 눈덩이를 버스에 태우려고 노력하는 두더지의 모습이 귀여워요. 다행히도 두더지는 눈덩이 친구와 함께 버스를 타게 되지만 어쩐 일인지 친구는 사라져 버려요. 무생물에 생명을 부여하고 친구로 여기는 두더지의 모습이 마치 우리 아이 같아서 엄마의 마음으로 두더지의 동심을 지켜 주고 싶었던 책입니다.

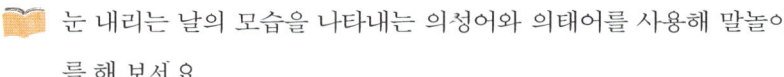

📖 눈 내리는 날의 모습을 나타내는 의성어와 의태어를 사용해 말놀이를 해 보세요.

 눈이 나풀나풀 내리네.

 눈이 펑펑 내려요.

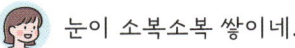 눈이 소복소복 쌓이네.

📖 눈사람 친구가 생긴다면 함께 어디어 가고 싶은지, 무엇을 하고 놀고 싶은지 이야기 나누고 그림을 그려 보세요. 아이가 어려워하면 엄마가 먼저 예시를 들어 줘도 좋아요.

👩 엄마는 눈사람 친구랑 눈썰매장에 갈 거야. 거기는 눈이 많으니까 눈사람에게 또 다른 친구를 만들어 줄 수 있겠지?

👫 그럼 저는 동네 놀이터에 갈래요. 놀이터에는 아이들이 많으니까 눈사람 친구를 더 많이 만들어 줄 수 있어요.

STEP 2 꿈책맘 만들기 놀이

플레이콘은 옥수수 전분으로 만든 놀잇감이에요.
물을 묻혀 다양한 결과물을 만들 수 있어 어린아이도 쉽게 다룰 수 있어요.
플레이콘으로 집 안에서도 녹지 않는 작은 눈사람을 만들어 보세요.

● **준비물**
- ☐ 파란색 색지(A4 사이즈)
- ☐ 흰색 플레이콘
- ☐ 흰색 펜, 유성 사인펜
- ☐ 이쑤시개
- ☐ 단추 또는 리본
- ☐ 장식 솜
- ☐ 가위
- ☐ 풀

○ **놀이 시작**

① 파란색 색지를 정사각형으로 자르고 사진에 표시된 점선과 같이 대각선을 따라 2번 반을 접었다 펴 주세요. 대각선을 기준으로 한쪽 면어 만 흰색 펜으로 눈송이 모양을 그립니다.

TIP 흰색 물감을 면봉에 묻혀 콕콕 찍거나 흰색 동그라미 스티커를 붙여서 눈을 표현해도 좋아요.

② 눈송이를 그리지 않은 면의 대각선을 따라 모서리에서 중심까지만 가위로 자릅니다. 눈송이가 없는 한 칸에만 풀을 칠하고 남은 한 칸과 겹쳐 붙이면 입체 배경이 완성됩니다.

③ 유성 사인펜으로 흰색 플레이콘에 재미있는 표정을 그려 완성된 얼굴에 물을 묻힌 다음 몸통이 되는 다른 플레이콘과 붙여 주세요. 이쑤시개 2개를 몸통에 꽂아 팔을 만들고 단추나 리본으로 꾸며 줍니다.

TIP 표정을 그릴 때는 플레이콘이 망가지지 않도록 힘을 조절합니다.

④ ②에서 만든 배경에 완성한 눈사람을 붙이고, 장식용 솜으로 눈이 쌓인 풍경을 꾸며 주세요.

만들기 놀이 TIP

플레이콘을 준비하기 어렵다면 흰색 클레이를 동그랗게 빚어서 눈사람을 만들어도 됩니다. 완성한 꼬마 눈사람으로 역할 놀이를 해 보세요. 엄마가 꼬마 눈사람 역할을 맡아 자기 소개하며 아이와 대화를 나누는 것도 좋아요.

안녕, 나는 꼬마 눈사람이야. 만나서 반가워.
나는 아주 먼 곳에 있는 눈의 나라에서 겨울바람을 타고 왔단다. 우리 친구 하지 않을래?

좋아! 우리 집에 가서 같이 놀자.

나도 너랑 정말 놀고 싶은데. 너희 집이 따뜻해서 내가 녹아 버리면 어쩌지?

걱정하지 마. 우리 집에 냉장고가 있으니까 녹을 것 같으면 얼른 냉장고 속으로 들어가면 돼.

STEP 3 겨울을 주제로 한 그림책 더 읽어 보기

눈아이

안녕달 글·그림,
창비 | 2021

눈이 오는 소리

천미진 글, 홍단단 그림,
키즈엠 | 2018

첫눈

박보미 글·그림,
한솔수북 | 2012

한밤중의 눈사람

모리 요코 글·그림,
김영주 옮김,
북스토리아이 | 2015

겨울 이불

안녕달 글·그림,
창비 | 2023

하얀 하루

김기종 글, 문종훈 그림
책읽는곰 | 2018

작은 눈덩이의 꿈

이재경 글·그림,
시공주니어 | 2016

눈행성

김고은 글·그림,
책읽는곰 | 2015

엄청난 눈

박현민 글·그림,
달그림 | 2020

놀고 싶어요!

박하잎 글·그림,
현북스 | 2019

아빠와 나

오호선 글, 정진호 그림
길벗어린이 | 2019

눈이 오면

이희은 글·그림,
웅진주니어 | 2020

따끈따끈 찐만두 씨

심보영 글·그림,
사계절 | 2021

겨울은 어떤 곳이야?

구도 노리코 글·그림,
엄혜숙 옮김,
천개의바람 | 2022

두더지의 고민

김상근 글·그림,
사계절 | 2015

겨울을 만났어요

이미애 글, 이종미 그림
보림 | 2012

하얀 사람

김남진 글·그림,
사계절 | 2019

없는 발견

마르턴쉬 주티스 글·그림
엄혜숙 옮김,
봄볕 | 2017

겨울이 궁금한 곰

옥사나 불라 글·그림,
엄혜숙 옮김,
봄볕 | 2017

심부름 가는 길에

미야코시 아키코 글·그림,
김숙 옮김,
북뱅크 | 2012

소복소복

차재혁 글, 최은영 그림,
노란상상 | 2018

LOST: 길 잃은 날의 기적

샘 어서 글·그림,
이상희 옮김,
주니어RHK | 2021

겨울 별

이소영 글·그림,
글로연 | 2021

선물이 툭!

김도아 글·그림,
파란자전거 | 2021

누구지?

이범재 글·그림,
계수나무 | 2013

달 가루

이명하 글·그림,
웅진주니어 | 2022

눈사람을 옮기자!

나카가키 유타카 글·그림,
손진우 옮김,
토끼섬 | 2021

감기 걸린 날

김동수 글·그림,
보림 | 2002

한겨울에 밀짚모자 꼬마 눈사람

임정진 글,
김중석 그림,
봄봄출판사 | 2017

폭설

존 로크 글·그림,
이충호 옮김,
다림 | 2014

눈이 들려주는 10가지 소리

캐시 캠퍼 글,
케나드 박 그림,
홍연미 옮김,
길벗어린이 | 2021

눈사람 마을의 아이스크림

송호정 글,
효뚠 그림,
달리 | 2022

꿈책맘의 그림책 큐레이션

🍎 한 권에 사계절의 변화를 담은 그림책

산 아줌마

윤나리 글·그림,
현북스 | 2016

바니의 사계절 미용실

이은지 글·그림,
위즈덤하우스 | 2020

사계절 목욕탕

김효정 글·그림,
웅진주니어 | 2021

사계절

퍼트리샤 헤가티 글,
브리타 테켄트럽 그림, 서소영 옮김,
키즈엠 | 2015

봄일까? 가을일까?

박종진 글·김하나 그림,
키즈엠 | 2018

가을에게, 봄에게

사이토 린, 우키마루 글,
요시다 히사노리 그림,
이하나 옮김,
미디어창비 | 2020

튤립 호텔

김지안 글·그림,
창비 | 2022

내 친구 골리앗이 올 거야!

안트예 담 글·그림,
유혜자 옮김,
한울림어린이 | 2016

즐거운 열두 달 어여쁜 사계절

냥송이 글·그림,
키즈엠 | 2019

🍎 계절을 소재로 한 그림책 시리즈

물구나무 그림책 시리즈
윤석중 글 | 김나경 그림 | 파랑새어린이

《꽃밭》(2010) 《눈밭》(2011)

윤석중 작가의 동시에 귀여운 일러스트가 더해진 사랑스러운 그림책입니다.

토끼 베이커리 시리즈
마츠오 리카코 글·그림 | 문지연 옮김 | 아르볼

《딸기가 좋아!
토끼 베이커리》(2021) 《바다가 좋아!
딸기 베이커리》(2021) 《겨울이 좋아!
토끼 베이커리》(2022)

다섯 토끼가 캠핑카이자 푸드 트럭에서 함께 살며 이동식 베이커리를 운영하는 모습이 사랑스럽고 귀여워요. 각 계절마다 베이커리를 오픈하며 벌어지는 일화를 담고 있어요.

그림책 도서관 시리즈
이시이 무쓰미 글, 후카와 아이코 그림 | 김숙 옮김 | 주니어김영사

《봄의 원피스》
(2019) 《가을의 스웨터》
(2020)

양장점을 운영하는 미코 아줌마는 솜씨도 좋고 마음씨도 좋아요. 계절의 정취가 담겨 있을 뿐 아니라 손님의 마음까지 어루만지는 멋진 옷을 만들어 줍니다.

찰이와 떡이 시리즈
간다 스미코 글 | 우에가키 아유코 그림 | 황국영 옮김 | 북드림아이

《와글와글 해수욕장》
(2021) 《따끈따끈 목욕탕》
(2021)

찰떡과 다양한 먹거리들을 의인화한 그림책이에요. 찰이와 떡이가 여름에는 해수욕장, 겨울에는 목욕탕을 찾아가면서 벌어지는 소동이 재미있습니다.

사계절 소풍 그림책 시리즈　　　　　　　　　　　　　　　　　　김지안 글·그림 | 재능교육

귀여운 동물들의 사계절 소풍 이야기를 보여 주는 그림책이에요. 토끼, 고양이, 다람쥐, 북극여우가 겪는 소풍 소동이 귀엽답니다.

《알밤 소풍》(2017)　　《여름 낚시》(2018)　　《코코 스키》(2018)　　《봄봄 딸기》(2019)

백유연 작가의 계절 시리즈　　　　　　　　　　　　　　　　　백유연 글·그림 | 웅진주니어

숲속의 동물 친구 고라니, 곰, 토끼, 멧돼지, 다람쥐가 계절에 맞는 간식을 만들어 모두 함께 나누어 먹는 모습이 따뜻한 그림책이에요.

《벚꽃 팝콘》(2020)　　《풀잎 국수》(2020)　　《낙엽 스낵》(2019)　　《사탕 트리》(2020)

붕붕 꿀약방 시리즈　　　　　　　　　　　　　　　　　　　　심보영 글·그림 | 웅진주니어

붕붕 꿀약방에서 일하는 견습생 꿀벌 '꿀비'를 중심으로 곤충들이 각 계절을 나는 모습을 보여 줍니다. 다양한 곤충 캐릭터가 등장해서 애니메이션을 보는 느낌이 드는 그림책이에요.

《붕붕 꿀약방: 간질간질 봄이 왔어요》(2020)　《붕붕 꿀약방: 떡갈나무 수영장으로 오세요》(2020)　《붕붕 꿀약방: 반짝반짝 소원을 빌어요》(2021)　《붕붕꿀약방: 쿨쿨 겨울잠을 자요》(2021)

얄라차 생쥐 형제 시리즈

문채빈 글·그림 | 미래엔아이세움

'얄라차'는 순우리말 감탄사예요. 난관에 빠질 때마다 '얄라차'를 외치며 사건을 해결하고 극복하는 귀여운 생쥐 형제의 모습이 귀여운 그림책입니다.

《구름 주스》(2020)　《고래 빙수》(2020)　《노을 수프》(2021)　《낭만 찐빵》(2021)

동물 아파트의 사계절 이야기 시리즈

부시카 에츠코 글 | 스에자키 시게키 그림
김정화 옮김 | 미래엔아이세움

10층 큰 나무 아파트에 사는 동물들은 아주 정다운 이웃이에요. 다양한 동물이 모여 살지만 늘 서로를 걱정하고 배려합니다. 계절의 변화에 따른 에피소드가 재미있는 그림책이에요.

《10층 큰 나무 아파트》(2018)　《10층 큰 나무 아파트로 이사 가요》(2019)　《10층 큰 나무 아파트에 겨울이 왔어요》(2020)　《10층 큰 나무 아파트에 음악회가 열려요》(2022)　《10층 큰 나무 아파트에 여름이 왔어요》(2022)

맛있는 그림책 시리즈

이효선 글 | 황적현 그림 | 책먹는아이

클레이로 만든 캐릭터들이 등장해 입체감이 살아 있는 그림책이에요. 계절에 어울리는 음식을 만들고 함께 나누는 모습을 담고 있어 요리 활동으로도 연결할 수 있답니다.

《따뜻한 눈사람》(2014)　《요술 빵집의 새싹 한 컵》(2015)　《도깨비 빙수》(2015)　《보름달 케이크》(2016)

정호선 작가의 계절 그림책 시리즈

정호선 글·그림 | 한솔수북

계절의 변화에 따라 주인공 아이가 놀이하며 성장하는 모습을 담은 그림책이에요. 그 계절에만 즐길 수 있는 놀이를 통해 아이는 자연을 느낍니다.

《이만큼 컸어》(2017)　《동그란 바다》(2017)　《바스락 친구》(2017)　《따듯하게 따듯하게》(2017)

안녕, 계절 시리즈

케나드 박 글·그림 | 서남희 옮김 | 국민서관

현재의 계절을 떠나보내는 아쉬움과 새로운 계절을 맞이하는 기대감을 서정적인 글과 그림으로 표현한 그림책이에요. 각 계절의 아름다운 풍경을 그림책을 통해 만나보세요.

《안녕, 봄》(2020)　《안녕, 가을》(2016)　《안녕, 겨울》(2017)

아기 다람쥐 시리즈

이와무라 카즈오 글·그림 | 김영주 옮김 | 웅진주니어

자연에서 성장하는 다람쥐 삼 남매 파로, 피코, 포로의 에피소드를 통해 사계절의 변화를 엿볼 수 있는 그림책이에요.

《빨간 스웨터》(2019)　《눈 오는 날》(2019)　《봄이 오면》(2020)　《한여름 밤 나들이》(2020)　《소나기 내리는 날》(2020)

🍊 계절의 특징을 알려 주는 그림책 시리즈

각 계절의 특징을 아이들 눈높이에 맞춰 쉽게 알려 주는 정보 그림책 시리즈예요.

춤추는 카멜레온 계절 그림책 시리즈   찰스 기냐 글 | 애그 자트코우스카 그림 | 초록색연필 옮김 | 키즈엠

《봄이 왔어요》 (2012)   《여름이 왔어요》 (2012)   《가을이 왔어요》 (2012)   《겨울이 왔어요》 (2012)

숲소리 그림책 시리즈   파란자전거

《봄 숲 봄바람 소리》
우종영 글,
레지나 그림(2014)

《여름 숲 모뿌리 소리》
우종영 글,
함명곤 그림(2014)

《가을 숲 도토리 스리》
우종영 글,
하영 그림(2014)

《겨울 숲 엄마 품 소리》
우종영 글,
하수정 그림(2014)

네버랜드 숲 유치원 시리즈   시공주니어

《살랑살랑 봄바람이
인사해요》
김도아 글·그림
(2014)

《축축한 여름 숲길을
걸어요》
김슬기 글·그림
(2014)

《울긋불긋 가을 밥상을
차려요》
김영혜 글·그림
(2014)

《겨울 숲 친구들을
만나요》
이은선 글·그림
(2014)

이 세상에 태어난 순간부터 우리는 여러 관계를 맺으며 살아갑니다.
가족은 무한한 사랑으로 나의 평생 지지자가 되어 주고요.
마음이 통하는 친구는 정서적 유대감을 주어 든든한 힘이 됩니다.
나를 소중히 여기는 자존감, 가족의 사랑, 친구와의 우정을
그림책을 통해 만나 보세요.

PART 02

나와 가족, 친구

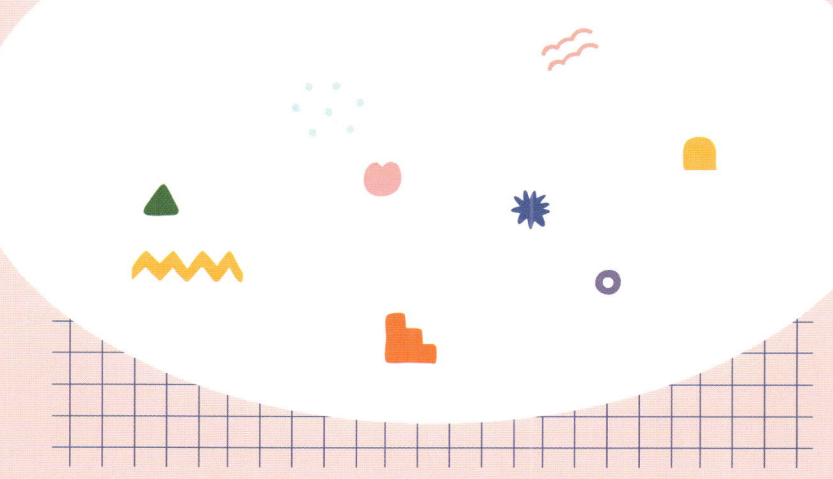

06 《상자 거북》 읽고 택배 상자로 거북 만들기

아이들이 길러야 하는 중요한 덕목 중 하나가 '자존감'이지요. 어린 시절에 형성된 자존감은 어른이 되어서도 영향을 미치기 때문이에요. 자신의 있는 그대로의 모습을 인정하고 존중하는 것이 자존감의 포인트입니다. 아이가 긍정적인 태도로 삶을 행복하게 즐길 수 있도록 자존감을 주제로 한 그림책을 다양하게 읽어 주세요.

꿈책맘 추천 그림책과 공감 포인트

상자거북
바네사 로더 글·그림
김영선 옮김
국민서관 | 2020년

이 그림책은요

등딱지 없이 태어난 거북 '꼬북이'의 이야기예요. 꼬북이의 부모님은 등딱지는 껍데기일 뿐이고 겉보다 속이 더 중요한 거라고 이야기하며 상자 등딱지를 마련해 주었어요. 하지만 꼬북이는 등껍질이 다르다는 이유로 친구에게 놀림을 당하자 자신의 등껍질이 싫어집니다. 꼬북이는 상자를 대신할 새로운 등껍질을 찾아 나서는데요. 결국 꼬북이가 깨달은 것은 화려한 겉모습보다는 인성과 됨됨이가 중요하다는 점이었지요. 꼬북이의 모습을 통해 자기 모습 그대로를 사랑하는 자존감과 가족의 사랑, 친구와의 우정을 느낄 수 있는 따뜻한 그림책이에요.

STEP 1 꿈책맘 이야기 & 동작 놀이

📖 그림책의 주인공 꼬북이는 어떤 기분이었을지 이야기 나누어 보세요. 아이가 대답하기 어려워하면 엄마가 먼저 느낌을 말해 보세요.

👩 친구들이 놀려서 정말 창피하고 슬펐겠다.

👩 등껍질이 없어서 허전했는데 상자 등껍질이 생겨서 얼마나 좋았을까?

📖 그림책에서는 예쁘게 변신한 상자에 친구들의 우정이 담겨 있습니다. 상자의 꾸미기 전과 후를 비교해 보고, 꼬북이가 어떻게 달라 보이는지 이야기 나누어 보세요.

👩 친구들이 꾸며 주니 상자가 더 멋져졌네!

👦 세상에 단 하나뿐인 상자가 되었어요.

📖 상자를 아이 등에 얹고 거북처럼 움직이며 어떤 느낌이 드는지 이야기 나누고, 상자 거북 역할 놀이를 해 보세요. 거북의 움직임을 표현하는 의성어와 의태어를 다양하게 쓰면 더 좋아요.

👩 느릿느릿, 엉금엉금 ○○ 거북이가 움직입니다. ○○ 거북이가 부엌으로 가네요. 배가 고픈가요?

STEP 2 꿈책맘 만들기 놀이

택배 상자와 재활용품으로 아이의 개성이 듬뿍 담긴 상자 거북을 만들어 보세요.

 만들기 영상 보러 가기

○ **준비물**
- ☐ 택배 상자 1개
  (가로 13cm, 세로 26cm, 높이 17cm)
- ☐ 여분의 박스 종이
  (몸통 상자의 밑면보다 큰 사이즈)
- ☐ 휴지 심 5개
- ☐ 헌 양말 한 짝
- ☐ 인형 솜 또는 포장용 에어캡
  (뽁뽁이)
- ☐ 크레파스
- ☐ 스티커
- ☐ 인형 눈
- ☐ 모루 또는 빵 끈
- ☐ 고무 밴드
- ☐ 가위
- ☐ 글루건 또는 목공 풀

○ 놀이 시작

① 거북의 등딱지가 될 택배 상자와 등딱지 상자의 밑면보다 큰 상자 종이를 별도로 준비해 주세요. 이 종이에 거북의 다리를 붙여서 테이블 모양의 몸통을 만들 거예요.

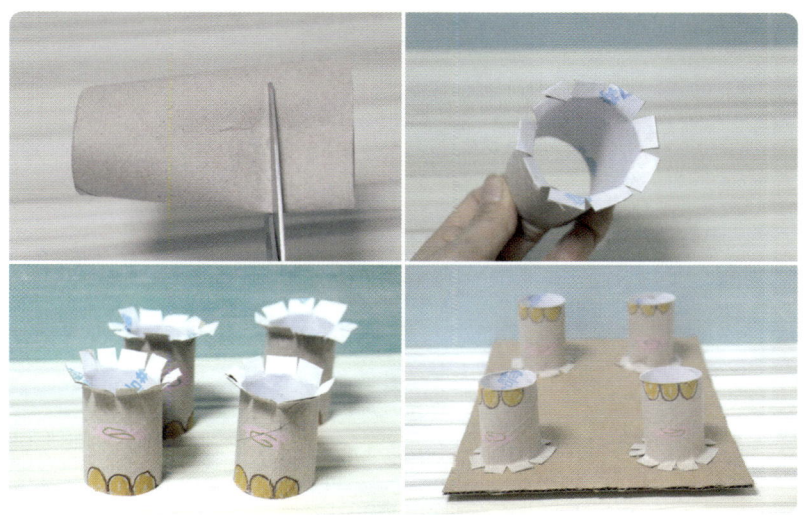

② 거북의 다리가 될 4개의 휴지 심을 준비해서 7cm 길이로 자릅니다. 휴지 심 둘레를 따라 일정한 간격으로 1cm 깊이의 가위집을 만들고 꽃잎 모양으로 펼쳐 주세요. 휴지 심 반대편에 발톱과 **무릎**을 그려 주면 다리가 완성됩니다. 완성된 다리는 글루건으로 발톱과 무릎 방향이 정면을 향하도록 붙여 주세요.

3 솜 또는 에어캡을 둥글게 뭉쳐서 헌 양말 속에 넣고 얼굴 모양이 동그랗게 잡히도록 모양을 매만져 주세요. 양말 입구를 고무 밴드로 묶고 인형 눈과 모루(또는 빵끈)를 붙여서 표정을 만들어 줍니다. 크레파스로 두 볼을 발그레하게 칠해 주면 거북의 얼굴이 완성됩니다.

4 글루건을 사용해서 거북의 얼굴을 휴지 심과 연결해 붙이고 반대편 휴지 심 끝을 납작하게 눌러 접어 주세요. 완성된 얼굴은 ②에서 만든 몸통에 붙이고, 상자 조각을 오려서 꼬리도 만들어 주세요.

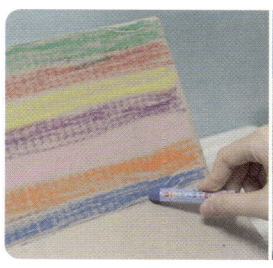  

5 등껍질이 될 택배 상자를 다양한 방법으로 예쁘게 꾸며 주세요. 예쁘게 꾸민 상자를 거북의 몸에 얹으면 상자 거북이 완성됩니다.

- 상자를 꾸밀 때 아이가 상자 전체를 색칠하기 힘들어하면 가족들과 분량을 나눠 꾸며 보세요.
- 상자를 꾸밀 때 크레파스나 아크릴 물감으로 색칠하거나 색종이 또는 스티커를 붙여도 좋습니다. 예쁜 잡지 사진이나 헝겊, 나뭇잎 등을 붙이는 콜라주 기법을 시도해도 좋고요.

만들기 놀이 TIP

상자 대신 다양한 물건을 얹어 거북을 변신시킬 수 있어요. 엉뚱한 물건을 얹을수록 아이의 즐거움은 커진답니다. 바구니 거북, 냄비 거북, 모자 거북으로 변신!

STEP 3 자존감을 주제로 한 그림책 더 읽어 보기

나는 누구일까?

박상은 글·그림,
현북스 | 2013

내가 잘하는 건 뭘까

구스노키 시게노리 글,
이시이 기요타카 그림,
김보나 옮김
북뱅크 | 2020

뽀글이

우이나 글·그림,
한림출판사 | 2020

콧물끼리

여기최병대 글·그림,
월천상회 | 2017

나는 빵점!

한라경 글, 정인하 그림,
토끼섬 | 2021

평범한 식빵

종종 글·그림,
그린북 | 2021

콧수염 토끼

전금자 글·그림,
재능교육 | 2019

꼬마 종지

아사노 마스미 글,
요시무라 메구 그림,
유하나 옮김,
곰세마리 | 2021

이게 정말 나일까?

요시타케 신스케 글·그림,
김소연 옮김,
주니어김영사 | 2015

조금 다르면 안 돼?

클레어 알렉산더 글·그림,
홍연미 옮김,
국민서관 | 2020

버니비를 응원해 줘

박정화 글·그림,
후즈갓마이테일 | 2020

먹구름 청소부

최은영 글·그림,
노란상상 | 2017

천만의 말씀

스즈키 노리타케 글·그림,
김숙 옮김
북뱅크 | 2016

펑

이루리 글, 송은실 그림,
북극곰 | 2018

**봉봉이의
아주 특별한 모자**

이진화 글·그림,
미래엔아이세움 | 2020

수염왕 오스카

김수완 글,
김수빈 그림,
옐로스톤 | 2020

완두

다비드 칼리 글,
세바스티앙 무랭 그림,
이주영 옮김,
진선아이 | 2018

**대장 토끼는
나다운 게 좋아**

큐라이스 글·그림,
황진희 옮김,
토토북 | 2021

난 그냥 나야

김규정 글·그림,
바람의아이들 | 2020

다다다 다른 별 학교

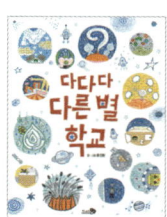

윤진현 글·그림,
천개의바람 | 2018

너의 특별한 점

이달 글, 이고은 그림,
김성미 꾸밈,
달달북스 | 2021

내가 나를 골랐어!

노부미 글·그림,
황진희 옮김,
위즈덤하우스 | 2020

노스애르사애

이범재 글·그림,
계수나무 | 2021

**그림자는
어디로 갔을까?**

이주희 글·그림,
한림출판사 | 2021

07 《숲속 사진관》, 《숲속 사진관에 온 편지》 읽고 가족사진 액자 꾸미기

예전에는 가족을 주제로 한 그림책들이 '가족의 사랑'을 주로 다루었다면 요즘은 조손 가정, 한부모 가정, 다문화 가족 등 '다양한 가족의 모습'을 다루고 있어요. 시대가 바뀌며 가족의 형태도 다양해졌기 때문이지요. 아이와 함께 그림책 속의 다양한 가족의 모습을 만나 보고 이야기를 나누어 보세요.

꿈책맘 추천 그림책과 공감 포인트

숲속 사진관
이시원 글·그림
고래뱃속 | 2015

숲속 사진관에 온 편지
이시원 글·그림
고래뱃속 | 2020

이 그림책은요

부엉이 사진사와 곰 조수가 찍는 숲속 동물들의 가족사진을 통해 다양한 가족의 모습을 보여 주는 시리즈 그림책입니다. 혼자 남겨진 아기 동물이 외롭지 않도록 따뜻하게 감싸 주고, 종을 뛰어넘어 가족으로 맞이하는 모습이 인상적인 그림책이에요.

《숲속 사진관》에서는 동물들의 개성이 드러나는 가족사진을 볼 수 있어요. 동물마다 가족사진의 분위기는 달라도 서로를 아끼는 마음은 같답니다. 마지막 손님은 혼자 온 꼬마 판다인데요. 사진을 함께 찍을 가족이 없어 우울한 표정으로 카메라 앞에 홀로 선 꼬마 판다

앞에 감동적인 일이 일어납니다. 꼬마 판다에게 가족사진을 선물하기 위해 숲속 동물들이 깜짝 변장을 하고 등장한 거예요. 꼬마 판다의 가족사진은 어떤 모습일지 그림책을 통해 확인해 보세요.

《숲속 사진관에 온 편지》에서는 부엉이 사진사와 곰 조수가 편지를 받고 먼 곳으로 출장을 떠납니다. 긴 여행을 한 끝에 편지를 보낸 주인공 꼬마 북극여우를 만나게 되는데요. 갑자기 할머니를 여의고 혼자 남겨진 꼬마 북극여우와 새롭게 가족이 된 동물은 누구인지 책을 통해 확인하세요.

 **꿈책맘 이야기 놀이**

- 다양한 가족의 모습에 대해 이야기 나누어 보세요. 부모님이 계시지 않거나 엄마 또는 아빠만 있는 가족도 있고, 부모님 대신 조부모님과 사는 경우도 있어요. 꼭 혈연관계가 아니라도 가족이 될 수 있지요. 가족이 되는 데 가장 중요한 것은 서로를 아끼고 사랑하는 마음이라는 점을 알려 주세요.

- 우리 가족은 서로를 사랑하는 마음을 어떻게 표현하는지 이야기 나누어 보세요. 서로 안아 주고 사랑한다고 말하는 것 이외에도 가족이 함께 집안일을 나눠서 하는 것도 넓은 의미의 사랑이에요. 어떻게 서로를 도울 수 있는지도 이야기 나누어 보세요.

- 《숲속 사진관》에서 꼬마 판다는 몰래 숨어서 부엉이 사진사와 곰 조수가 사진 찍는 것을 보고 있었는데요. 아이와 함께 그림책 장면 곳곳에 숨어 있는 꼬마 판다를 찾아보세요.

STEP 2 꿈책맘 만들기 놀이

직접 만든 액자에 넣은 가족사진은 더 특별한 느낌을 주어요.
액자를 만들어 가족사진을 끼우고 사진 찍은 날의 추억을 이야기해 보세요.

- **준비물**
  - ☐ 두꺼운 도화지
  - ☐ 핸드 페인팅 물감
  - ☐ 가족사진(4인치×6인치)
  - ☐ 풀
  - ☐ 가위
  - ☐ 자
  - ☐ 칼
  - ☐ 연필
  - ☐ 투명 테이프

○ **놀이 시작**

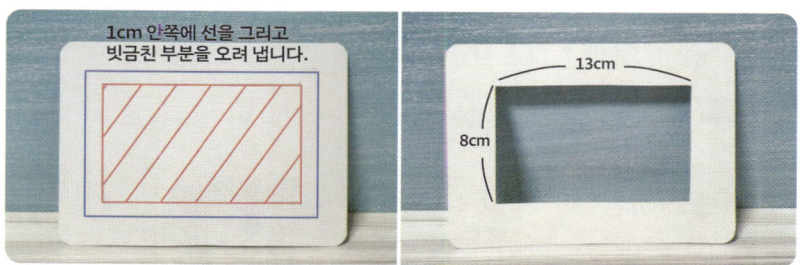

① 두꺼운 도화지를 19cm×14cm 크기로 준비해서 종이 중앙에 사진을 대고 직사각형을 그려 주세요(파란 선 표시). 그다음 직사각형 안쪽에 13cm×8cm 직사각형을 그려 칼로 오려 냅니다(빨간 선 표시). 잘라 낸 종이는 액자 받침을 만들어야 하니 버리지 마세요.

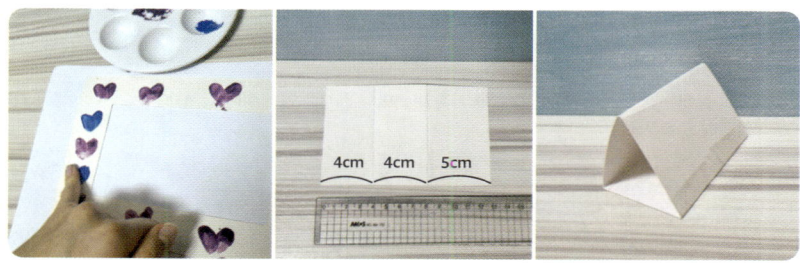

② 아이가 원하는 색상의 핸드 페인팅 물감을 손가락에 묻히고 액자 틀에 비스듬하게 두 번 찍어 하트 모양을 만들어 줍니다. 물감이 마르는 동안 ①에서 오린 13cm×8cm 크기의 종이에 4cm, 4cm, 5cm 간격으로 선을 그린 후 삼각기둥 형태로 접어 투명 테이프로 고정하면 액자 받침이 됩니다.

③ 액자보다 작은 사이즈의 두꺼운 도화지(17cm×12cm)를 준비하고 중앙에 사진을 붙입니다. 물감이 마른 액자를 위에 올리고 뒤에서 투명 테이프로 고정한 다음 ②에서 만든 액자 받침도 붙여 주세요.

STEP 3 가족을 주제로 한 그림책 더 읽어 보기

🔵 가족의 사랑을 느낄 수 있는 그림책

위대한 가족

윤진현 글·그림,
천개의바람 | 2016

근사한 우리 가족

로랑 모로 글·그림,
박정연 옮김,
로그프레스 | 2014

끼인 날

김고은 글·그림,
천개의바람 | 2021

딸꾹

김고은 글·그림,
북극곰 | 2018

**우리 집에는
괴물이 우글우글**

홍인순 글, 이혜r 그림,
보림 | 2005

단란한 가족 바비아나

영민 글·그림,
그림책공작소 | 2015

엄마 아빠 결혼 이야기

윤지회 글·그림,
사계절 | 2016

생쥐 가족의 하루

조반나 조볼리 글,
시모나 물라차니 그림,
김현주 옮김,
한솔수북 | 2017

**씩씩한 엄마
달콤한 아빠**

마우고자타
스벤드로브스카 글,
요안나 바르토식 그림,
이지원 옮김,
풀빛 | 2020

엄마 아빠의 작은 비밀

박보람 글, 한승무 그림,
노란상상 | 2020

진짜엄마 진짜아빠

박연철 글·그림,
엔씨소프트 | 2015

대단한 무엇

다비드 칼리 글,
미젤 탕코 그림,
김경연 옮김,
문학동네 | 2019

● **다양한 가족의 형태를 보여 주는 그림책**

내 동생은 늑대

에이미 다이크맨 글,
자카리아 오호라 그림,
서남희 옮김,
토토북 | 2015

누누 똥 쌌어?

이서우 글·그림,
북극곰 | 2020

엄마와 나

레나타 갈린도 글·그림,
김보람 옮김,
불의여우 | 2018

내가 엄마라니!

라이언 T. 히긴스 글·그림,
노은정 옮김,
토토북 | 2020년

모든 가족은 특별해요

토드 파 글·그림,
원선화 옮김,
문학동네 | 2005

우리 가족 만나볼래?

율리아 귈름 글·그림,
황정혜 옮김,
후즈갓마이테일 | 2017

구마의 여행

나지수 글·그림,
주니어이서원 | 2017

엄마는 토끼 아빠는 펭귄 나는 토펭이!

에스텔 비용
스파뇰 글·그림,
조정훈 옮김,
키즈엠 | 2014

나는 아빠랑 왜 달라?

변지율 글·그림,
슬슬 | 2015

《시간 계단》 읽고
할머니 할아버지께 드릴
카네이션 카드 만들기

할머니, 할아버지의 손주 사랑은 우주 최강이라는 생각이 듭니다. 자식에게 주었던 사랑과는 또 다른 내리사랑이 정말 극진한데요. 그렇기에 아이도 할머니 할아버지에게 버릇없이 굴 때가 있지요. 그래도 마냥 좋다는 부모님의 모습을 보면 백 퍼센트 공감은 되지 않지만 우리도 훗날 손주가 생기면 그 마음을 이해하게 되겠지요? 우리가 아이를 낳고 부모님의 마음을 이해하게 된 것처럼요.

**꿈책맘
추천 그림책과
공감 포인트**

시간 계단
마스다 미리 글,
히라사와 잇페이 그림,
김수정 옮김,
키위북스 | 2021

이 그림책은요

할머니 할아버지가 어린아이의 모습으로 돌아가 손자와 함께 논다는 설정이 유머러스하면서 찡한 감동을 주는 그림책이에요. 기차를 타고 할머니 할아버지 댁에 놀러 간 오달이는 신비한 계단을 발견하는데요. 계단을 내려갈 때마다 할머니 할아버지가 조금씩 젊어지는 것이 아니겠어요? 계단을 다 내려가자 할머니 할아버지는 오달이처럼 어린아이가 됩니다. 외모뿐만 아니라 행동과 성격까지도요. 눈높이가 맞는 친구가 된 오달이와 할머니, 할아버지는 다투기도 하지만 즐거운 시간을 보내요.

STEP 1 꿈책맘 이야기 놀이

📖 오달이처럼 신비한 계단을 발견해서 할머니 할아버지가 어려진다면 어떤 놀이를 함께 하고 싶은지 이야기 나누어 보세요.

📖 무조건 내가 우선이고 나를 먼저 배려해 주던 할머니 할아버지가 어린아이가 되어 그런 모습이 사라진다면 기분이 어떨지 이야기 나누어 보세요.

📖 어린아이의 모습으로 나와 함께 마음껏 뛰어놀 수 있는 할머니 할아버지와 현재의 할머니 할아버지 중 어떤 모습이 더 좋은지 이야기 나누어 보세요.

📖 아이와 할머니, 할아버지께 전화를 걸어 옛날 어린 시절 이야기를 들려 달라고 해 보세요.

STEP 2 꿈책맘 만들기 놀이

아이의 예쁜 모습을 담은 카드에 사랑의 편지를 써 보세요.

○ 준비물
- ☐ 아이 얼굴 사진
- ☐ 주름 유산지 컵(두 가지 색상)
- ☐ 초록색 색지(25cm×17cm)
- ☐ 초록색 색종이
- ☐ 도일리 페이퍼 2장
- ☐ 글루건
- ☐ 풀
- ☐ 연필
- ☐ 자
- ☐ 가위, 핑킹가위

○ 놀이 시작

① 주름 유산지 컵을 반씩 3번 접어 주세요.

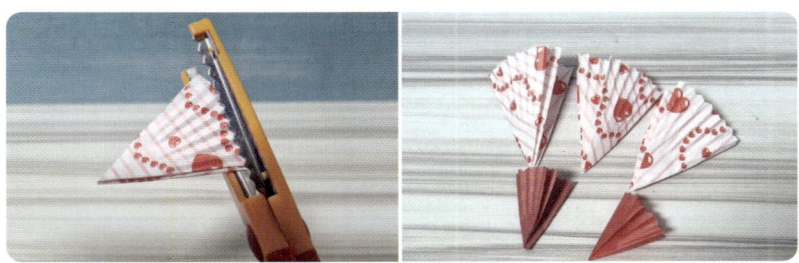

② ①과 같이 접은 주름 유산지 컵의 가장자리를 핑킹가위로 잘라서 톱니 모양을 만들어 주세요. 같은 방법으로 총 5장의 꽃잎을 만듭니다.

③ 초록색 색종이를 1/4 조각으로 잘라 대각선 방향으로 반을 접어 주세요.

④ 위 사진의 점선처럼 양쪽 꼭짓점을 비스듬히 위로 접어 꽃받침을 만들어 주세요.

⑤ 25cm×17cm 크기의 초록색 색지를 반으로 접은 뒤 아이의 얼굴과 도일리 페이퍼를 붙여 주세요.

TIP 도일리 페이퍼의 레이스 부분에 풀을 바를 때는 지저분해지지 않도록 살짝만 발라 주세요.

⑥ 도일리 페이퍼 위에 꽃잎 5장을 글루건으로 붙여 주세요. 꽃잎 3장을 먼저 붙이고 남은 2장은 그 위에 겹쳐서 붙인 다음 꽃잎 아래에 초록색 꽃받침도 붙입니다.

TIP · 유산지 주름 컵은 풀로 잘 붙지 않으니 글루건을 사용하는 것이 좋아요.
· 꽃잎 사이사이에 글루건을 쏘아서 붙이면 더 예쁘게 꾸밀 수 있어요.

7 도일리 페이퍼를 반으로 자른 뒤, 그중 절반은 다시 반으로 잘라 주세요. 큰 조각은 카드 안쪽에 붙이고 작은 조각 2개는 카드 겉의 위쪽 모서리에 붙여 장식합니다.

 **만들기 놀이 TIP**

카드 안쪽에 그림을 그리거나 편지를 쓴 다음 사랑과 감사의 마음을 담아 할머니, 할아버지께 드려 보세요. 아이가 아직 글자를 쓰지 못하면 그림을 그려도 좋아요.

STEP 3 할아버지 할머니를 주제로 한 그림책 더 읽어 보기

● 할머니 할아버지의 사랑을 담은 그림책

다람쥐 전화

타카하시
카즈에 글·그림,
김소연 옮김,
천개의바람 | 2013

감귤 기차

김지안 글·그림,
재능교육 | 2016

뒤로 가는 기차

박현숙 글, 김호랑 그림,
한림출판사 | 2016

할머니와 걷는 길

박보람 글, 윤정미 그림,
노란상상 | 2018

고릴라 할머니

윤진현 글·그림,
웅진주니어 | 2012

할머니의 장난감 달달달

린샤오베이 글·그림,
조은 옮김,
문학동네 | 2017

우리 다시 언젠가 꼭

팻 지틀로 밀러 글,
이수지 그림·옮김,
비룡소 | 2022

정하네 할머니

박정하 글·그림,
씨드북 | 2019

할머니 엄마

이지은 글·그림,
웅진주니어 | 2016

세상이 물고기로 변했어요!

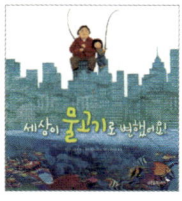

기드온 스테르 글,
폴리 베르나테네 그림,
김선희 옮김,
푸른숲주니어 | 2017

산타 할아버지가 우리 할아버지라면

허은미 글, 이명애 그림,
풀빛 | 2016

할아버지의 이야기 나무

레인 스미스 글·그림,
김경연 옮김,
문학동네 | 2011

삼대 이야기를 담은 그림책

세 엄마 이야기

신혜원 글·그림,
사계절 | 2008

노랑이 잠수함을 타고

윤여림 글,
소복이 그림,
위즈덤하우스 | 2020

엄마는 해녀입니다

고희영 글,
에바 알머슨 그림,
안현모 옮김,
난다 | 2017

할머니 할아버지와의 이별을 담은 그림책

셋째 날

성영란 글·그림,
반달(킨더랜드) | 2018

귀신 님! 날 보러 와요!

진수경 글·그림,
천개의 바람 | 2020

할아버지의 섬

벤지 데이비스 글·그림,
이야기별 옮김,
예림아이 | 2016

여행 가는 날

서영 글·그림,
위즈덤하우스 | 2018

이게 정말 천국일까?

요시타케 신스케 글·그림,
고향옥 옮김,
주니어김영사 | 2016

코딱지 할아버지

신순재 글,
이명애 그림,
책읽는곰 | 2019

3일 더 사는 선물

레미 쿠르종 글·그림,
이정주 옮김,
씨드북 | 2015

어제를 찾아서

앨리슨 제이 글·그림,
정은미 옮김,
키즈엠 | 2017

09 《용기를 내, 비닐장갑!》 읽고 비닐장갑 캐릭터 만들기

아이는 어린이집과 유치원을 다니며 친구를 사귀고 가족 이외의 사람과 어울려 지나는 사회생활이 시작됩니다. 또래 친구와 지내는 것은 즐거운 일이지만, 가족이 아닌 이들과 소통하는 것이 익숙지 않기에 다툼이 생기고 속상한 일을 겪기도 합니다. 하지만 이 또한 아이가 겪어야 하는 과정이기에 한발 떨어져서 다독이고 응원하는 것도 부모의 역할이지요.

꿈책맘 추천 그림책과 공감 포인트

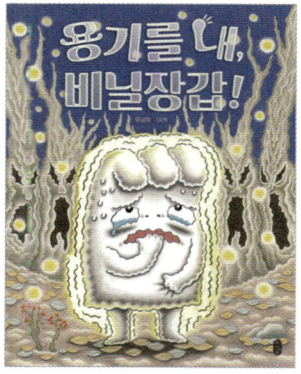

용기를 내, 비닐장갑!
유설화 글·그림,
책읽는곰 | 2021

이 그림책은요

《잘했어, 쌍둥이 장갑!》의 후속작으로, 겁 많고 소심한 비닐장갑이 친구들을 위해 용기를 발휘하는 이야기예요. 장갑 초등학교에는 한 학기에 한 번 장갑산에 올라 별을 관찰하는 별빛 캠프 행사가 있는데요. 캠프 생각에 들뜬 다른 친구들과는 달리 비닐장갑은 어두운 숲속에 가는 것이 무섭기만 해요. 비닐장갑의 걱정이 무색하게 캠프는 즐겁게 마무리되는 듯싶었지만, 예기치 못한 사고로 친구들이 위험에 빠집니다. 비닐장갑은 위험에 빠진 친구들을 돕기 위해 용감한 활약을 하는데요. 투명하고 얇아서 찢어지기 쉬운 비닐장갑의 단점을 장점으로 바꾸는 장면이 정말 인상적인 그림책입니다.

STEP 1 꿈책맘 이야기 놀이

📖 비닐장갑을 관찰하며 모양과 촉감이 어떤지 이야기 나누어 보세요. 입으로 비닐장갑에 바람을 넣어 풍선처럼 부풀게 해도 좋아요.

👩 비닐장갑을 만져 보니 얇고 바스락바스락하는 소리가 나네?

👧👦 투명한 비닐로 되어 있어서 속을 볼 수 있어요.

👩 비닐장갑에 공기를 넣으면 풍선처럼 부풀어 오르고 바람에 쉽게 날아 간단다.

📖 비닐장갑처럼 아직 일어나지 않은 일을 미리 걱정했던 적이 있는지 이야기 나누어 보세요. 엄마의 어린 시절 경험을 이야기해 주어도 좋아요.

👩 엄마는 달리기를 못해서 운동회 전날만 되면 걱정을 했어. 꼴찌로 들어오는 것이 정말 싫었거든. 그런데 응원 노래에 맞춰 직접 율동을 만든 것은 뿌듯했어.

👧👦 소풍 가는 것은 좋지만 버스를 타면 멀미를 해서 걱정했어요. 그런데 친구들이랑 이야기하면서 가니 멀미가 안 나서 신기했어요.

STEP 2 꿈책맘 만들기 놀이

위험에 빠진 친구를 위해 용기를 발휘한 비닐장갑 캐릭터를 직접 만들어 보세요.

 만들기 영상 보러 가기

○ **준비물**
  ☐ 투명 비닐장갑 두 짝
  ☐ 두꺼운 도화지
  ☐ 유성 사인펜, 컬러 매직
  ☐ 가위
  ☐ 촛불 모양 LED 전구

○ **놀이 시작**

① 그림이 잘 보이도록 흰 종이 위에 비닐장갑을 올려 주세요. 그림책을 보고 유성 사인펜으로 겁먹은 비닐장갑과 웃는 비닐장갑의 표정을 따라 그린 다음 컬러 매직으로 색을 칠해 주세요.

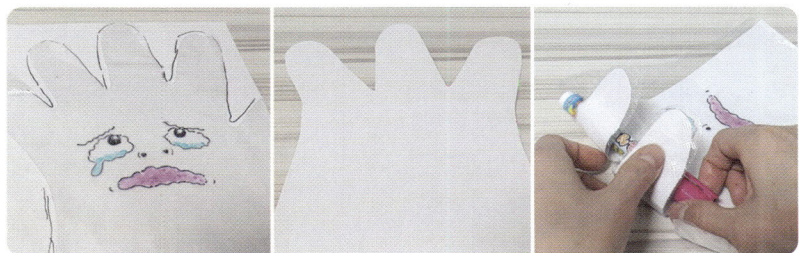

② 두꺼운 종이 위에 비닐장갑을 올리고 외곽선을 따라 그린 후에 손가락을 세 개만 남기고 가위로 오려 주세요. 엄지와 새끼손가락은 그림책 캐릭터처럼 움직이는 손으로 만들 거예요. 그다음 종이를 비닐장갑 안에 넣고 굵은 펜으로 손가락을 감싸 구부려 주세요.

TIP 종이를 오릴 때는 장갑 외곽선보다 살짝 안쪽에서 오려야 장갑 안에 쉽게 넣을 수 있어요.

③ 촛불 모양 LED 전구를 넣으면 용감해진 비닐장갑의 모습을 연출할 수 있어요.

STEP 3 친구를 주제로 한 그림책 더 읽어 보기

새 친구를 사귀는 이야기를 담은 그림책

최고의 친구?

김난지 글, 최나미 그림,
봄개울 | 2020

친구가 되고 싶다면

신경아 글, 김민준 그림,
키즈엠 | 2017

진짜 진짜 거짓말 아니야!

조영글 글·그림,
봄볕 | 2021

파란 고래

베스 페리 글,
리사 먼도프 그림,
홍연미 옮김,
웅진주니어 | 2017

친구 사귀기

김영진 글·그림,
길벗어린이 | 2018

두근두근 1학년 새 친구 사귀기

송언 글, 서현 그림,
사계절 | 2014

새 친구 사귀는 법

다카이 요시카즈 글·그림,
김숙 옮김,
북뱅크 | 2017

알사탕

백희나 글·그림,
책읽는곰 | 2017

놀러 가도 돼?

시오타니 마미코 글·그림, 윤수정 옮김,
책읽는곰 | 2022

코끼리의 함정

다카바타케 준 글·그림,
고향옥 옮김,
대교북스주니어 | 2021

개미의 걱정

초모 글·그림,
수피아어린이 | 2021

친구의 소중함과 우정을 담은 그림책

친구의 전설

이지은 글·그림,
웅진주니어 | 2021

다람쥐의 구름

조승혁 글·그림,
북극곰 | 2020

바다 레시피

윤예나 글,
서평화 그림,
노란상상 | 2020

도토리랑 콩콩

윤지회 글·그림,
미래엔아이세움 | 2020

사자도 가끔은…

허아성 글·그림,
길벗어린이 | 2020

판도라

빅토리아 턴불 글·그림,
김영선 옮김,
보림 | 2017

사자와 작은 새
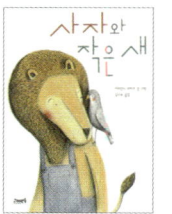
마리안느 뒤비크 글·그림,
임나무 옮김,
고래뱃속 | 2015

친구 되기

살리나 윤 글·그림,
최용은 옮김,
키즈엠 | 2016

염소와 오리

이승환 글·그림,
오마주 | 2020

핑!
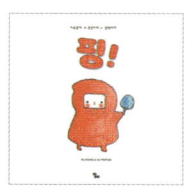
아니 카스티요 글·그림,
박소연 옮김,
달리 | 2020

친구에게

김윤정 글·그림,
국민서관 | 2016

빨간 안경

오소리 글·그림,
길벗어린이 | 2019

● **다름을 인정하고 친구가 되는 이야기를 담은 그림책**

난 네 엄마가 아니야!

마리안느 뒤비크 글·그림,
임나우 옮김,
고래뱃속 | 2017년

레오, 나의 유령 친구

맥 바넷 글,
크리스티안 로빈슨 그림,
서애경 옮김,
사계절 | 2016

깔끄미는 등이 가려워

박진영 글, 명관도 그림,
씨드북 | 2019

딩동

릴리아 글·그림,
북극곰 | 2019

노랑

소중애 글·그림,
봄봄출판사 | 2018

싸워도 우리는 친구!

이자벨 카리에 글·그림,
김주열 옮김,
다림 | 2016

코뿔소가 달려간다

허은미 글, 황K 그림,
웅진주니어 | 2020

있는 그대로가 좋아

국지승 글·그림,
시공주니어 | 2008

가시 소년

권자경 글, 하완 그림,
천개의바람 | 2021

별에서 온 쭈삐르

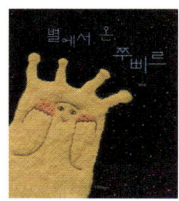

현민경 글·그림,
한울림어린이 | 2020

쭈삐르와 커다란 김밥

현민경 글·그림,
한울림어린이 | 2022

● 친구 사이의 다툼과 화해를 통해 배려를 이야기하는 그림책

곰아, 자니?

조리 존 글,
벤지 데이비스 그림,
이순영 옮김,
북극곰 | 2015

곰아, 놀자!

조리 존 글,
벤지 데이비스 그림,
이순영 옮김,
북극곰 | 2016

곰아, 돌아와!

조리 존 글,
벤지 데이비스 그림,
이순영 옮김,
북극곰 | 2017

곰아, 괜찮아?

조리 존 글,
벤지 데이비스 그림,
이순영 옮김,
북극곰 | 2018

잘했어, 쌍둥이 장갑!

유설화 글·그림,
책읽는곰 | 2019

욕심은 그만, 레이스 장갑!

유설화 글·그림,
책읽는곰 | 2022

네 마음을 알고 싶어!

피오나 로버튼 글·그림,
이정은 옮김,
사파리 | 2022

이건 너무 가까워!

크리스티안 존스 글,
케일 앳킨슨 그림,
이정은 옮김,
키즈엠 | 2019

레아와 코끼리

김세나 글·그림,
트리앤북 | 2017

대신 전해 드립니다

요시다 류타 글·그림,
고향옥 옮김,
키다리 | 2021

잠이 오지 않는 밤

홍그림 글·그림,
창비 | 2018

모모와 토토

김슬기 글·그림,
보림 | 2019

꿈책맘의 그림책 큐레이션

🍎 엄마 아빠 짝꿍 그림책

엄마 자판기

조경희 글·그림,
노란돼지 | 2019

아빠 자판기

조경희 글·그림,
노란돼지 | 2021

누구게?

김주경 글·그림,
도토리숲 | 2018

또 누굴까?

김주경 글·그림,
도토리숲 | 2013

엄마는 회사에서 내 생각 해?

김영진 글·그림,
길벗어린이 | 2014

아빠는 회사에서 내 생각 해?

김영진 글·그림,
길벗어린이 | 2015

엄마가 달려갈게!

김영진 글·그림,
길벗어린이 | 2017

아빠가 달려갈게!

김영진 글·그림,
길벗어린이 | 2017

엄마의 이상한 출근길

김영진 글·그림,
책읽는곰 | 2021

아빠의 이상한 퇴근길

김영진 글·그림,
책읽는곰 | 2018

엄마 셋 도시락 셋

국지승 글·그림,
책읽는곰 | 2019

아빠 셋 꼴다발 셋

국지승 글·그림,
책읽는곰 | 2017

🟠 아빠에 대한 사랑과 이해를 담은 그림책

건전지 아빠

전승배, 강인숙 글·그림,
창비 | 2021

아빠 얼굴

황K 글·그림,
이야기꽃 | 2017

짜장면 나왔습니다!

이경미 글·그림,
노란상상 | 2019

아빠가 달라졌어요

김미나 글·그림,
책과콩나무 | 2017

아빠! 아빠! 이건 뭘까요?

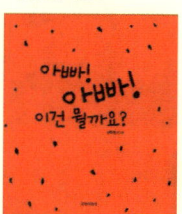

신현정 글·그림,
길벗어린이 | 2016

아빠와 아들

고대영 글, 한상언 그림,
길벗어린이 | 2007

종이 아빠

이지은 글·그림,
웅진주니어 | 2014

두더지 아빠의 일요일

이영환 글·그림,
씨드북 | 2020

요정 아빠

정호선 글·그림,
주니어김영사 | 2018

우리 아빠는 외계인

남강한 글·그림,
북극곰 | 2015

아빠 쉬는 날

차야다 글·그림,
북극곰 | 2019

엄마를 구해 줘

이명하 글·그림,
웅진주니어 | 2018

🍊 엄마에 대한 사랑과 이해를 담은 그림책

엄마 꿈속에서

유준재 글·그림,
문학동네 | 2013

우리는 엄마와 딸

정호선 글·그림,
창비 | 2014

엄마

김우선 글·그림,
휴먼어린이 | 2011

엄마가 정말 좋아요

미야니시 다쓰야 글·그림,
이기웅 옮김,
길벗어린이 | 2015

엄마를 산책시키는 방법

클로딘 오브룅 글,
보비+보비 그림,
이정주 옮김,
씨드북 | 2015

100가지 엄마 얼굴

박수연 글, 정은숙 그림,
키즈엠 | 2017

엄마는 왜?
《피아노 치는 곰》 개정판

김영진 글·그림,
길벗어린이 | 2019

엄마의 스마트폰이 되고 싶어

노부미 글·그림,
고대영 옮김,
길벗어린이 | 2017

엄마가 유령이 되었어!

노부미 글·그림,
이기웅 옮김,
길벗어린이 | 2016

내가 엄마를 골랐어!

노부미 글·그림,
황진희 옮김,
위즈덤하우스 | 2018

엄마의 선물

김윤정 글·그림,
상수리 | 2016

엄마는 변신 중

박아림 글·그림,
월천상회 | 2021

🎃 엄마 잔소리를 소재로 한 그림책

고함쟁이 엄마

유타 바우어 글·그림,
이현정 옮김,
비룡소 | 2005

울트라 비밀 권법

박보미 글·그림,
한솔수북 | 2013

피아노 치기는 지겨워

다비드 칼리 글,
에릭 엘리오 그림,
심지원 옮김,
비룡소 | 2006

안 돼요, 안 돼! 엄마

아마노 케이 글,
하마노 유카 그림,
김정화 옮김,
한림출판사 | 2014

판다의 딱풀

보니비 글·그림,
북극곰 | 2017

착한 엄마가 되어라, 얍!

허은미 글, 오정택 그림,
웅진주니어 | 2014

엄마 왜 그래

김인자 글, 한상언 그림,
단비어린이 | 2014

되지 엄마

김인자 글, 한상언 그림,
단비어린이 | 2016

나, 비뚤어질 거야!

허은실 글, 조원희 그림,
한솔수북 | 2013

마법의 친절 변신 크림

안영은 글, 박규빈 그림,
책먹는아이 | 2014

● **직장맘을 소재로 한 그림책**

회사 괴물

조미영 글, 조현숙 그림,
주니어김영사 | 2013

호랑이를 탄 엄마

서선연 글, 오승민 그림,
느림보 | 2015

엄마는 태양의 여자예요

길상효 글, 이갑규 그림,
씨드북 | 2019

이상한 엄마

백희나 글·그림,
책읽는곰 | 2016

엄마 왜 안 와

고정순 글·그림,
웅진주니어 | 2018

나태평과 진지해

진수경 글·그림,
천개의바람 | 2022

엄마는 달린다

이수연 글, 밤코 그림,
발견(키즈엠) | 2022

● **형제, 자매, 남매의 우애와 다툼을 그린 그림책**

형이 짱이지?

정다이 글·그림,
파란자전거 | 2022

형아만 따라와

김성희 글·그림,
보림 | 2019

언니와 동생

샬롯 졸로토 글,
사카이 고마코 그림,
황유진 옮김,
북뱅크 | 2020

내가 오줌을 누면

미야니시 타츠야 글·그림,
정주혜 옮김,
담푸스 | 2018

그러면, 까시까시뚝딱 똥을 데려와!

진 윌리스 글,
맷 사운더스 그림,
최용은 옮김,
키즈엠 | 2016

누나가 좋다

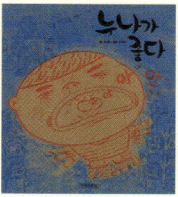

고대영 글, 한상언 그림,
길벗어린이 | 2012

이상한 손님

백희나 글·그림,
책읽는곰 | 2018

꿈에서 맛본 똥파리

백희나 글·그림,
책읽는곰 | 2014

원숭이 오누이

채인선 글, 배현주 그림,
한림출판사 | 2009

오빠한테 질 수 없어!

채인선 글, 배현주 그림,
한림출판사 | 2019

오빠랑 나랑

박연옥 글·그림,
책고래출판사 | 2018

우리가 케이크를 먹는 방법

김효은 글·그림,
문학동네 | 2022

악마와 천사

노부미 글·그림,
김난주 옮김,
주니어RHK | 2019

동글동글 메롱메롱 후~

신복남 글·그림,
계수나무 | 2021

털북숭이 형

심보영 글·그림,
그레이트북스 | 2019

문이 열리면

민 레 글, 댄 샌탯 그림,
노은정 옮김,
대교북스주니어 | 2021

다양한 도구들 덕분에 우리는 편리한 생활을 누릴 수 있어요.
그림책을 통해 도구의 쓰임새를 익히고
기발하게 변신하는 모습을 보며 상상의 나래도 펼쳐 보세요.

PART 03

집 안의 물건

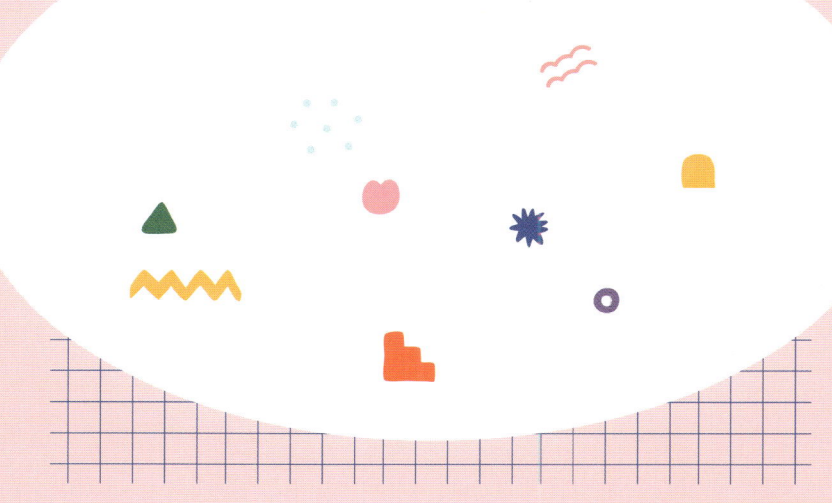

10. 《따듯한 내 친구 이불이》 읽고 색종이 직조 짜기로 이불 만들기

우리가 잠자는 동안 몸을 포근하게 감싸 주는 이불은 아이의 또 다른 잠자리 친구입니다. 애착 이불은 애착 인형과 더불어 아이에게 정서적 안정을 주는 존재이지요. 이불과 친구가 되어 놀이하는 그림책을 통해 달콤한 꿈으로 이어지는 상상을 펼쳐 보세요.

꿈책맘 추천 그림책과 공감 포인트

따듯한 내 친구 이불이
콘도우 아키 글·그림,
김언수 옮김,
길벗스쿨 | 2018

이 그림책은요

꼬마 다람쥐가 '살아 움직이는 이불'과 친구가 되는 이야기예요. 꼬마 다람쥐네 동네에는 안 쓰는 물건을 두고 갖고 싶은 물건을 가져오는 장소가 있어요. 꼬마 다람쥐는 작아진 신발을 두러 갔다가 '당신의 이불이 되고 싶어요'라고 말하며 따라오는 꼬질꼬질한 이불을 만나 함께 집에 오는데요. 이불을 본 엄마가 너무 더럽다며 다시 돌려놓고 오라고 하자 꼬마 다람쥐는 이불을 깨끗하게 세탁하고 보송보송하게 말립니다. 하지만 깔끔한 엄마의 기준을 통과하기는 쉽지 않았어요. 꼬마 다람쥐와 이불이의 마음이 다치지 않게 리폼을 하는 엄마의 모습이 따뜻합니다. 엄마의 솜씨로 새롭게 태어난 이불이의 모습을 확인해 보세요.

STEP 1 꿈책맘 이야기 & 동작 놀이

📖 그림책의 상황처럼 지저분하고 낡은 이불이 따라온다면 어떤 말을 해 주고 싶은지 이야기 나누어 보세요.

📖 내 이불이 살아 움직인다면 어떤 놀이를 함께 하고 싶은지 이야기해 보세요.

📖 얇은 차렵이불로 다양한 놀이를 할 수 있어요. 아이를 이불 끝에 눕히고 이불과 함께 돌돌 말면 이불 김밥이 됩니다.

👧 (아이의 옆구리를 간지럽히며) 어머 김밥이 웃음 소리를 내네? 김밥이 말도 하나봐. 신기한 김밥이다.

📖 빨래 건조대 또는 2개의 의자를 놓고 그 위에 이불을 씌우면 이불 텐트가 됩니다. 이불 텐트는 아이만의 아늑한 공간이 되어서 색다른 느낌을 주어요. 좋아하는 장난감을 가지고 들어가거나 그림책을 보는 공간으로 아이가 좋아한답니다.

STEP 2 꿈책맘 만들기 놀이

아이의 사진을 넣었다 뺐다 할 수 있는 색종이 직조 이불을 만들어 보세요.
아이가 색종이 직조를 어려워한다면 스티커를 붙여서 꾸며도 됩니다.

- **준비물**
  - ☐ 색지(A4 사이즈)
  - ☐ 색종이(2~3가지 색상)
  - ☐ 도일리 페이퍼
  - ☐ 아이 사진
  - ☐ 화장 솜
  - ☐ 연필
  - ☐ 자
  - ☐ 칼
  - ☐ 가위
  - ☐ 풀

o 놀이 시작

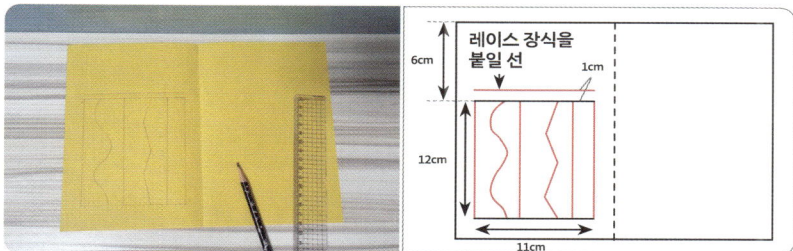

① 이불과 요가 될 색지를 반으로 접은 뒤 색지 뒷면에 밑그림을 그립니다. 왼쪽 칸 윗부분을 6cm 정도 남기고 11cm×12cm의 직사각형을 그린 뒤 그 안에 곡선, 사선, 직선을 섞어 그려 주세요. 레이스 장식을 붙일 가로 선은 직사각형 위로 1cm 떨어진 위치에 그립니다. 빨간색으로 표시한 세로 선과 레이스 장식을 붙일 가로 선은 칼로 잘라 주세요.

② 가로 실 역할을 할 색종이 두세 장을 준비하고 2cm 폭으로 길게 자릅니다. 직조하듯이 세로로 자른 틈에 색종이를 끼운 뒤, 색종이 양끝에 풀을 발라 안쪽에서 고정해 주세요.

TIP 색종이 폭은 일정하지 않아도 됩니다. 오히려 폭이 제각각이어야 더 멋스럽습니다.

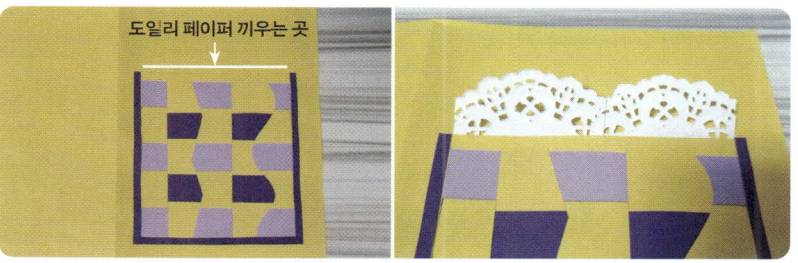

③ 색종이를 5cm 폭으로 잘라 이불 둘레에 테두리를 만들어 주세요. 도일리 페이퍼를 적당한 크기로 잘라 ①에서 가로로 잘라 둔 틈에 끼우고 접어서 풀로 고정합니다.

TIP 도일리 페이퍼가 없다면 흰색 종이를 물결 모양으로 오려 장식해 주세요.

④ 색지 안쪽의 빗금 표시한 세 부분에만 풀을 바르고 반으로 접어 붙여 주세요.

TIP 가장자리가 고정될 정도로만 풀을 칠해야 사진을 넣고 뺄 때 편합니다.

⑤ 색종이로 술 장식을 만들어 화장 솜 가장자리에 붙여 베개를 만들어 주세요. 완성한 베개는 이불 위쪽에 붙입니다.

⑥ 아이의 사진을 넣었다 빼며 놀이해 보세요.

STEP 3 이불을 주제로 한 그림책 더 읽어 보기

● 이불과 배게를 소재로 한 그림책

이불 나라

디(D[d:]) 글·그림,
책마중 옮김,
스마트베어 | 2015

어떤 이불이 좋아?

스즈키 노리타케 글·그림,
이정민 옮김,
노란우산 | 2014

우리 이불 어디 갔어

하수정 글·그림,
웅진주니어 | 2018

이불 여행

김다정 글·그림,
브와포레(BOISFORET)
| 2015

이불 나라의 난쟁이들

오치 노리코 글,
데쿠네 이쿠 그림,
위귀정 옮김,
베틀북 | 2008

이불은 안 덮어

노인경 글·그림,
문학동네 | 2021

요 이불 베개에게

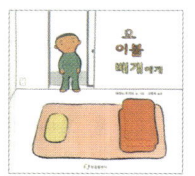

타카노 후미코 글·그림,
고향옥 옮김,
한림출판사 | 2010

내 사랑 뿌뿌

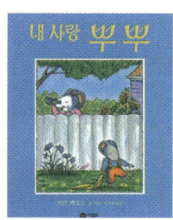

케빈 헹크스 글·그림,
이경혜 옮김,
비룡소 | 1996

내 이불이야

한은영 글·그림,
책읽는곰 | 2018

베개 애기

송창일 글, 이영림 그림,
개암나무 | 2014

내 베개 어디 있어?

하나야마 가즈미 글·그림,
김숙 옮김,
주니어김영사 | 2011

거기, 이 책을 읽는 친구!

가가쿠이 히로시 글·그림,
한영 옮김,
미세기 | 2011

11. 《세탁 소동》 읽고 상자와 재활용품으로 미니 세탁기 만들기

빨래는 참 귀찮지만 묘한 쾌감을 주기도 하지요. 젖은 빨래를 탁탁 털어서 햇살 가득한 빨랫줄에 널면 상쾌하고 뿌듯한 기분이 듭니다. 햇볕에 바짝 말린 빨래는 건조기에서 느낄 수 없는 특유의 뽀송뽀송한 햇살 냄새를 품고 있어요. 빨래하며 벌어지는 재미있는 소동부터 아날로그 세탁기의 향수를 불러일으키는 그림책까지 다양하게 읽고 놀이로 연결해 보세요!

꿈책맘 추천 그림책과 공감 포인트

세탁 소동
김지안 글·그림,
시공주니어 | 2020

이 그림책은요

세탁소 주인 깨끗하곰 씨가 이웃집 생쥐에게 잠시 세탁소를 맡긴 사이 일어난 소동을 담고 있어요. 빵을 정말 좋아하는 세탁소 주인 깨끗하곰 씨는 빵 세일 소식을 듣고 외출을 합니다. 세탁소 일에 대해 아무것도 모르는 이웃집 생쥐에게 가게를 맡긴 것이 사건이 발단이었어요. 생쥐는 가게를 비운 동안 손님이 안 오길 바랐지만, 기대와는 달리 손님들의 세탁물은 산처럼 쌓여 갑니다. 손님들은 아직 멀었느냐며 아무것도 모르는 생쥐를 독촉하기 시작하고, 당황스러운 생쥐는 울먹이며 세탁기를 돌리는데요. 생쥐는 결국 세탁물을 망치는 실수를 하지만 실수를 만회하는 깜찍한 활약으로 모두가 행복한 결말을 만듭니다. 뜻밖의 극한 알바 스토리가 유머러스하면서도 따뜻한 그림책입니다.

 **꿈책맘 이야기 & 동작 놀이**

📖 주인공 생쥐는 대사가 따로 없지만, 표정으로 기분을 읽을 수 있어요. 그림책 속 다양한 상황에서 생쥐가 어떤 기분이었을지 아이와 이야기 나누어 보세요.

👩 첫 손님이 왔을 때 생쥐는 깜짝 놀라고 당황했을 것 같아.

👫 세탁물이 망쳐졌을 때는 겁이 나고 무서웠을 것 같아요.

👩 집으로 돌아가는 생쥐의 마음은 어땠을까?

👫 긴장했던 마음이 풀리고 기분이 좋아졌을 거예요.

📖 세탁이 끝난 옷을 아이와 함께 정리해 보세요. 빨래를 개는 것이 아직 서툴겠지만, 양말의 짝을 맞추거나 같은 색의 수건끼리 모으면서 자연스럽게 분류 놀이를 할 수 있답니다.

👩 (양말을 정리하며) 내 짝꿍은 어디 갔지? 내 짝꿍을 찾아 줘!

👩 (수건을 개며) 같은 색 친구 모여라!

STEP 2 꿈책맘 만들기 놀이

재활용품으로 만든 미니 세탁기로 세탁 놀이를 해 보세요.

준비물
- ☐ 즉석 밥 용기
- ☐ A4 용지
- ☐ 작은 상자(17cm×17cm×6cm)
- ☐ 고무 자석
- ☐ 색종이
- ☐ 투명 비닐 또는 OHP 필름
- ☐ 플라스틱 뚜껑
- ☐ 컴퍼스
- ☐ 칼
- ☐ 가위
- ☐ 투명 테이프
- ☐ 글루건
- ☐ 풀
- ☐ 볼펜

○ 놀이 시작

① 상자를 감쌀 A4 용지 중앙에 컴퍼스로 지름 12cm의 원을 그린 뒤 구멍을 뚫어 주세요. 그 종이를 상자에 올리고 구멍을 그려 줍니다. 상자에도 구멍을 뚫어 주세요. 상자에 풀을 바른 뒤, A4 용지의 구멍과 상자의 구멍 위치를 맞춰 상자를 감싸 주세요.

TIP A4 용지를 상자에 감싼 뒤 구멍을 뚫으면 칼로 오려 낼 때 단면이 거칠해지니 꼭 A4 용지에 먼저 구멍을 뚫고 상자에 감싸 주세요.

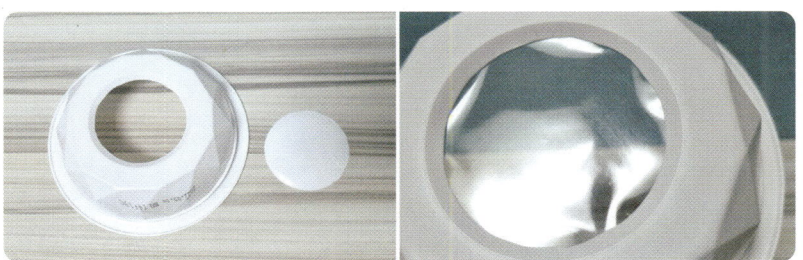

② 칼로 즉석밥 용기 바닥에 동그란 구멍을 뚫고, 구멍 안쪽에 투명 비닐 또는 OHP 필름을 투명 테이프로 붙여 주세요.

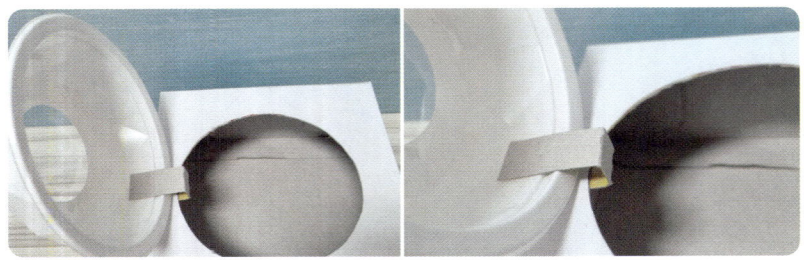

3. 자투리 상자 종이로 'ㄷ'자 모양의 경첩을 만들어 세탁기 문에 붙입니다. 경첩은 상자 안쪽과 즉석밥 용기 안쪽에 투명 테이프를 붙여 고정합니다.

4. 즉석밥 용기에서 잘라 낸 동그라미 조각을 세탁기 상단에 글루건으로 붙이면 세제 투입구가 됩니다. 플라스틱 뚜껑으로 작동 다이얼도 만들어 주세요. 세탁기 문이 잘 닫히도록 전단지의 고무 자석을 사용했어요.

TIP 고무 자석을 붙일 때는 서로 잘 붙는 반대 극인지 확인하고 붙여 주세요.

만들기 놀이 TIP

같은 색의 색종이 옷을 여러 벌 만들어서 같은 색 옷끼리 세탁기에 넣게 하면 분류 놀이를 할 수 있어요.

PART 04

우리나라

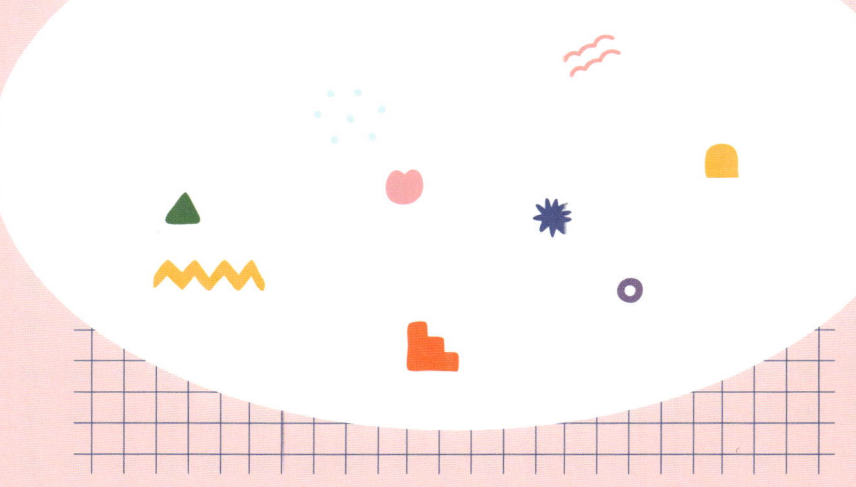

12 《설빔》 읽고 색종이로 한복 만들기

명절이 되면 예쁜 한복을 입을 수 있어 신이 났던 어린 시절이 떠오릅니다. 제 아이도 명절은 한복 입는 날이라고 생각해서 꼭 한복을 입고 외출하고 싶어 했어요. 활동하기에는 조금 불편하지만 그 불편함을 감수하더라도 입고 싶은 아름다운 옷이 바로 한복이니까요. 한복을 입고 고궁에서 예쁜 기념 사진을 남기는 것도 좋은 추억이 될 거예요.

꿈책맘 추천 그림책과 공감 포인트

설빔: 여자아이 고운 옷
배현주 글·그림,
사계절 | 2007

설빔: 남자아이 멋진 옷
배현주 글·그림,
사계절 | 2007

이 그림책은요

섬세한 일러스트로 한복의 아름다움을 보여 주는 그림책입니다. 주인공 아이들이 스스로 한복을 입는 모습을 통해 한복의 명칭과 입는 법을 알려 줍니다.

설날 아침, 누나는 설레는 마음으로 야무지게 설빔을 입고요. 남동생은 아직 서툴지만 혼자 입으려는 모습이 귀여워서 웃음이 납니다. 그림책의 배경과 소품을 통해 우리나라 전통미도 느낄 수 있고요. 두 아이가 설빔을 차려입고 새해 인사를 하는 모습도 참 예쁩니다.

STEP 1 꿈책맘 이야기 놀이

📖 아이의 한복을 펼쳐 놓고 그림책과 비교해 보면서 저고리, 치마, 고름, 동정 등 각 부분의 명칭을 알아보세요.

📖 한복을 입으면 어떤 기분이 들고 어떤 점이 좋은지 이야기해 보세요.

- 한복을 입으면 조심하게 되니까 의젓한 언니, 오빠가 된 기분이 들어요.

📖 한복을 입었을 때 불편한 점이 있는지 묻고, 매일 한복을 입고 지냈을 옛사람들은 어땠을지 이야기 나누어 보세요.

- 엄마는 웨딩 촬영할 때 머리에 가체를 얹었는데 엄청나게 무거워서 고개가 아팠던 기억이 나. 옛날 사람들은 정말 힘들었을 것 같아.

- 한복을 입으면 화장실에 갈 때 불편해요.

- 엄마도 밥을 먹을 때 소매에 음식이 묻을까 봐 조심하게 돼.

- 뛰다가 치마를 밟을까 봐 조심하게 돼요.

- 한복은 조금 불편하지만 명절은 특별한 날이니까 잠깐 입는 건 참을 수 있어요.

STEP 2 꿈책맘 만들기 놀이

한복 색종이 접기는 어렵지 않아서 어린아이도 쉽게 접을 수 있고 소근육 발달에도 좋습니다.
한복 종이접기를 통해 우리나라 전통 복식과 친숙해지는 시간을 만들어 보세요.

 만들기 영상 보러 가기

- 준비물
  - ☐ 무늬 색종이, 단색 색종이
  - ☐ 컴퍼스
  - ☐ 아이의 얼굴 사진
  - ☐ 연필
  - ☐ 자
  - ☐ 풀
  - ☐ 가위

준비물 준비 TIP

사진 대신 아이가 직접 그린 얼굴 그림을 사용해도 됩니다.

놀이 시작

① 여자 한복 한 벌을 만들기 위해 색종이를 준비해 주세요.
- 저고리: 무늬 색종이로 오린 지름 8.5cm 동그라미 1개, 지름 6cm 동그라미 2개
- 치마: 단색 색종이로 오린 지름 8.5cm 동그라미 1개
- 옷고름: 0.6cm×12cm 직사각형 1개

TIP 같은 크기의 동그라미는 색종이를 여러 장 겹쳐서 한꺼번에 가위로 오리면 금방 자를 수 있어요.

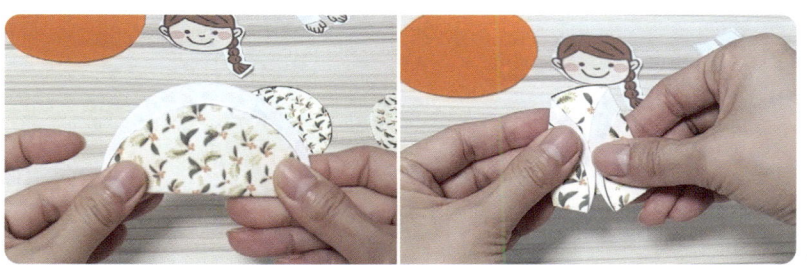

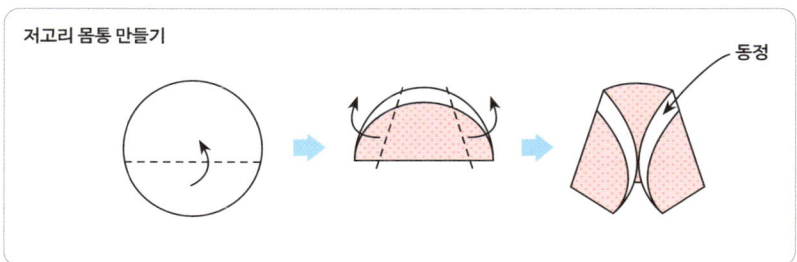

저고리 몸통 만들기 / 동정

② 지름 8.5cm의 무늬 색종이 동그라미를 살짝 어긋나게 반으로 접은 후, 반원의 양 끝을 비스듬히 접어서 앞섶을 만들어 주세요. 동그라미 끝에 보이는 흰 부분이 저고리의 동정이 됩니다.

| 소매 만들기 | 저고리 완성 |

③ 한복 소매는 지름 6cm의 작은 동그라미 2개로 만들어 줍니다. 동그라미 끝을 살짝 접어서 소매 단을 만들고, 반으로 접으면 소매가 됩니다. 소매 2개를 만들어서 ②에서 만든 저고리 몸통에 붙여 주세요.

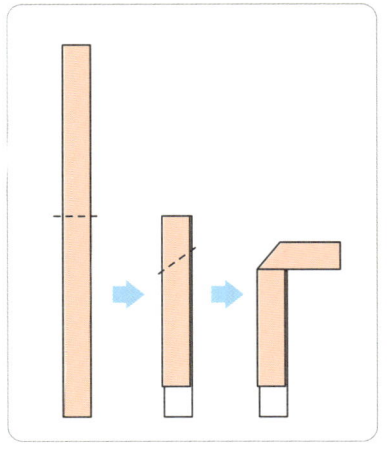

④ 0.6cm×12cm로 자른 색종이로 옷고름을 만들어 주세요. 뒷면이 살짝 보이게 반으로 접은 다음, 새끼손가락 한 마디 정도를 오른쪽으로 접어 줍니다.

5 지금 8.5cm의 단색 동그라미 양쪽을 비스듬히 접어 치마를 만들고 ③에서 완성한 저고리와 풀로 붙여 주세요. 저고리에 옷고름을 붙이고 아이의 얼굴 사진이나 직접 그린 얼굴 그림도 붙여 주세요.

6 남자 한복 한 벌을 만들기 위해 색종이를 준비해 주세요.
- 저고리: 무늬 색종이로 오린 지름 8.5cm 동그라미 1개, 지름 6cm 동그라미 2개
- 바지: 단색 색종이로 오린 지름 8.5cm 동그라미 2개
- 옷고름: 0.6cm×12cm 직사각형 1개

7 저고리는 여자 저고리와 같은 방법으로 접어 주세요.

● 여자 한복 소매를 접은 방법과 같이 단색 동그라미 끝을 살짝 접어서 바짓단을 만들어 주고, 반으로 접으면 바지통이 됩니다. 2개를 만들어서 비스듬하게 붙여 주세요. 완성한 바지를 저고리와 붙입니다. 저고리에 옷고름을 붙이고 아이의 얼굴 사진이나 직접 그린 얼굴 그림도 붙여 주세요.

만들기 놀이 TIP

- 무늬 색종이는 문구점에서 구매해도 되고 문화 포털 사이트(www.culture.go.kr)에서 전통 문양을 다운 로드해 출력할 수도 있어요. 문화 포털 사이트에 있는 전통 문양들은 한국문화정보원이 창작한 저작물로, '공공누리 출처 표시' 조건에 따라 무료로 이용할 수 있습니다.
  (다운로드 위치 : 문화지식 > 전통문양 > 활용 디자인 > 패턴 조합)

▶ 문화 포털 사이트 바로 가기

STEP 3 한복을 주제로 한 그림책 더 읽어 보기

비밀스러운 한복나라

무돌 글·그림,
노란돼지 | 2011

새색시

박현정 글·그림,
초방책방 | 2004

색동 곰

박종진 글, 박소연 그림,
키즈엠 | 2015

할머니의 할머니의 할머니의 옷

홍선주 글·그림,
김소현 감수,
책읽는곰 | 2009

때때 옷

이혜옥 글, 김혜균 그림,
삐아제어린이 | 2011

우리 옷 고운 옷 한복이 좋아요

김홍신, 임영주 글,
김원경 그림,
노란우산 | 2016

땅속나라 여왕님의 별난 옷

양영지 글, 조수진 그림,
국민서관 | 2016

맨드리 고운 꼬까옷

박수연 글,
강효진 그림,
키즈엠 | 2022

13. 《날아라! 똥제기》 읽고 비닐봉지로 제기 만들기

제 어린 시절에는 친구들과 골목에서 모여서 비석치기도 하고 쉬는 시간마다 고무줄놀이, 공기놀이도 많이 했는데요. 이제는 아주 먼 옛날이야기처럼 느껴지네요. 요즘 아이들은 스마트폰 게임에 더 익숙하고 실내 놀이터에서 노는 경우가 많으니 말이에요. 아이가 초등학생일 때 고무줄놀이를 가르쳐 준 적이 있었는데, 무척 재미있어했어요. 가끔은 엄마가 어린 시절에 하던 놀이를 함께 해 보는 것도 아이에게는 색다른 경험이 된답니다.

꿈책맘 추천 그림책과 공감 포인트

날아라! 똥제기
임서하 글, 여기(최병대) 그림,
키큰도토리 | 2017

이 그림책은요

제기차기를 잘하고 싶지만 뜻대로 되지 않아 속상한 동제의 이야기예요. 어느 날 읍내에 다녀오신 할아버지가 동제에게 멋진 깃털 제기를 주시는데요. 동제는 이게 웬 횡재인가 싶었어요. 그러나 멋진 제기를 받은 기쁨도 잠시, 동제의 실수로 제기가 소똥 위에 떨어지고 말아요. 아무리 깨끗이 씻어도 가시지 않는 소똥 냄새 때문에 깃털 제기는 졸지에 똥제기가 됩니다. 동제는 똥제기의 수모를 이겨내고 제기차기 대장이 될 수 있을까요? 남자아이들의 흔한 자존심 대결도 귀엽고요. 언제 싸웠냐는 듯, 함께 어울려 즐겁게 제기를 차는 아이들의 모습에 흐뭇해지는 그림책입니다.

STEP 1 꿈책맘 이야기 & 동작 놀이

📖 엄마 아빠는 어린 시절에 어떤 놀이를 했는지 아이와 함께 이야기 나누어 보세요. 저의 경우 제가 가지고 놀던 인형을 친정어머니가 보관했다가 제 딸아이에게 물려주었는데 무척 잘 가지고 놀았어요. 아이가 엄마의 손때 묻은 장난감이라며 특별하게 여기더라고요.

📖 아이와 함께 민속 놀이를 즐겨 보세요. 쉽고 간단하게 할 수 있는 민속놀이로 윷놀이, 칠교놀이, 고누놀이, 실뜨기, 다리세기놀이 등이 있어요. '국립민속박물관 어린이박물관'(www.nfm.go.kr/kids)에서 다양한 민속놀이 방법을 자세히 볼 수 있답니다.
 홈페이지에 접속해서 '자료마당 > 집콕! 민속놀이'를 순서대로 클릭해 보세요.

▶ 국립민속박물관 어린이박물관 바로 가기

STEP 2 꿈책맘 만들기 놀이

비닐봉지로 쉽게 제기를 만들 수 있어요. 제기에 끈을 묶어 주면 땅에 절대 떨어지지 않는 무적의 제기가 된답니다.

 ▶ 만들기 영상 보러 가기

- **준비물**
  - ☐ 투명 비닐봉지
  - ☐ 플라스틱 뚜껑
  - ☐ 무게감이 있는 동그란 물체 또는 클레이
  - ☐ 유성 매직
  - ☐ 고무 밴드
  - ☐ 줄
  - ☐ 가위

○ **놀이 시작**

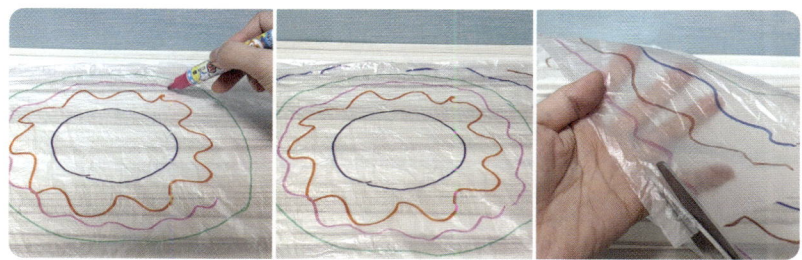

① 비닐봉지에 유성 매직으로 자유롭게 무늬를 그린 뒤, 봉지 하단의 막힌 부분을 가위로 잘라 내고 서로 붙은 봉지를 떼어 주세요.

TIP 봉지를 미리 떼어야 제기를 만들었을 때 깃털이 예쁘게 퍼집니다.

② 봉지를 반으로 접고 가위로 제기의 깃털을 만들어 주세요. 접은 선에서 2cm 정도 떨어진 위치까지 일정한 간격으로 자르면 됩니다.

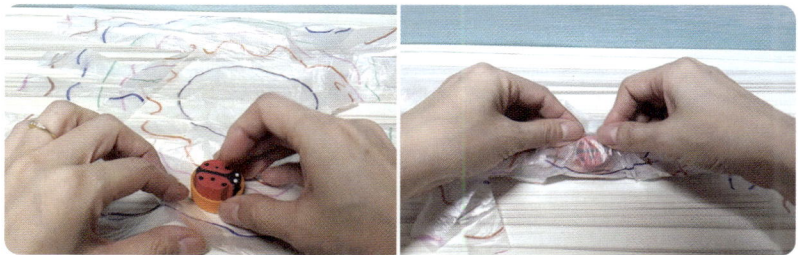

③ 무게감이 있는 동그란 물체를 준비해 주세요. 플라스틱 병뚜껑에 클레이를 뭉쳐서 넣어도 좋습니다. 봉지의 중앙 끝부분에 플라스틱 뚜껑을 올려놓고 김밥 말듯이 돌돌 말아 주세요.

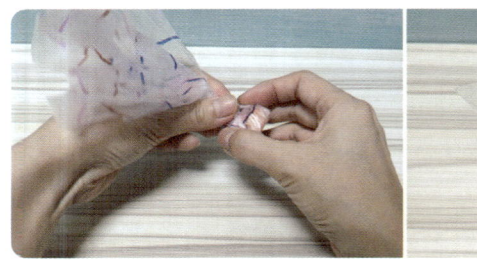 

④ 비닐봉지를 하나로 모아서 머리카락 묶듯이 고무 밴드로 묶어 주세요.

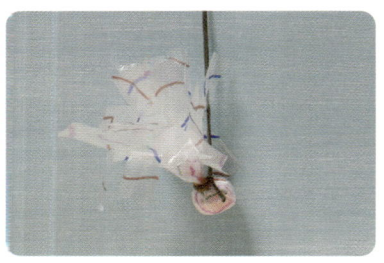

⑤ 아이들이 제기를 쉽게 찰 수 있도록 긴 끈도 달아 주세요. 끈을 잡고 차면 제기가 절대 땅에 떨어지지 않아요.

STEP 3 전통놀이를 주제로 한 그림책 더 읽어 보기

딱지 딱지 내 딱지

허은순 글, 김이조 그림,
현암사 | 2011

황금 팽이

허은순 글, 김이조 그림,
현암사 | 2010

윷놀이 이야기

이은화 글, 한우민 그림,
한림출판사 | 1993

눈사람 사탕

박종진 글, 송선옥 그림,
소원나무 | 2022

던져라! 공깃돌

임서하 글, 김민주 그림,
키큰도토리 | 2019

솟아라! 방패연

임서하 글, 전하율 그림,
키큰도토리 | 2021

반갑다! 대왕 딱지

임서하 글, 장준영 그림,
키큰도토리 | 2020

엄마꼭지연

최재숙 글, 김홍모 그림,
보림 | 2012

물렀거라! 왕딱지 나가신다

김홍신, 임영주 글,
권영묵 그림,
노란우산 | 2016

단자요!

안수자 글, 이영림 그림,
국민서관 | 2018

사시사철 우리 놀이 우리 문화

백희나 닥종이 인형,
이선영 글, 최지경 그림,
한솔수북 | 2019

14

《꼭꼭 숨어라》 읽고 클레이로 송편과 화전 만들기

아이들에게 빵과 케이크는 익숙하지만, 전통 떡은 생소할 수 있는데요. 우리 선조들은 좋은 날에도, 슬픈 날에도 떡을 해서 여러 사람과 나눠 먹었습니다. 계절마다 제철 재료를 넣은 떡을 만들어 별미로 즐기기도 했지요. 아이와 그림책을 읽고 클레이로 떡을 만들어 보며 우리나라의 전통문화와 가까워지는 기회를 만들어 보세요.

꿈책맘 추천 그림책과 공감 포인트

꼭꼭 숨어라
지 기미코 그림, 지정관 엮음,
북뱅크 | 2018

이 그림책은요

우리나라 전래동요 세 곡을 엮은 그림책입니다. 그림을 그린 작가가 일본인이라는 점이 독특합니다. 이 그림책을 엮은 지정관 작가와 그림을 그린 지 기미코 작가는 부부인데, 지 기미코 작가는 한국에서 조선시대 민화를 배웠다고 합니다.

우리에게 익숙한 노래인 〈숨바꼭질〉을 통해 전통 가옥 곳곳의 모습을 살펴볼 수 있고요. 〈길로 길로 가다가〉에는 우연히 주운 엽전으로 떡을 산 아이가 이게 웬 횡재냐 싶어서 혼자 먹으려다 결국은 나누어 먹는 흐뭇한 결말이 담겨 있어요. 〈눈이 온다 펄펄〉은 떡가루가 날리는 모습을 눈이 내리는 풍경에 비유한 동요로 다양한 떡의 종류를 알아볼 수 있습니다. 너른 마당에서 친구와 함께 신나게 숨바꼭질 놀이를 하고, 맛있는 음식을 여럿이 함께 나누어 먹는 선조들의 모습에 마음이 따뜻해집니다.

 **꿈책맘 이야기 놀이**

📖 떡을 직접 먹어 보며 떡의 맛이 어떤지 이야기 나누어 보세요.

📖 어떤 날에 떡을 만들면 좋을지, 만든 떡을 누구와 나눠 먹고 싶은지 이야기 나누어 보세요.

👦 내 생일에 떡을 만들어서 친구들과 나눠 먹고 싶어요.

👦 동생 생일에 떡을 만들어서 가족들과 함께 먹고 싶어요.

📖 맛있는 음식을 다른 사람들과 나누어 먹을 때 기분이 어떤지 이야기 나누어 보세요.

👩 엄마는 내가 요리한 음식을 가족들이 모두 함께 맛있게 먹으면 정말 흐뭇하고 기뻐!

👦 내가 좋아하는 젤리는 나 혼자 먹고 싶었는데, 친구가 놀러왔을 때 같이 먹어 보니 색깔별로 다른 맛을 이야기하고 서로 다른 색 젤리를 좋아해서 오히려 좋았어요.

꿈책맘 만들기 놀이

쌀가루를 반죽해서 직접 떡을 만들면 더 좋겠지만 클레이로 모형 떡을 만드는 놀이도 재미있답니다.

- 준비물
  - ☐ 여러 가지 색 클레이
  - ☐ 그러데이션 무늬 색종이 또는 꽃잎 모양 마스킹 테이프

○ **놀이 시작**

① 먼저 클레이로 송편을 만들어 볼게요. 클레이를 동그랗게 빚은 후 중앙을 움푹하게 눌러 송편 소가 들어갈 자리를 만들어 주세요.

② 다른 색 클레이로 소를 만들어서 넣고 반달 모양으로 빚어 주세요.

③ 송편을 예쁘게 장식해 주세요. 여러 가지 색 클레이로 다양한 송편을 만들어도 좋아요.

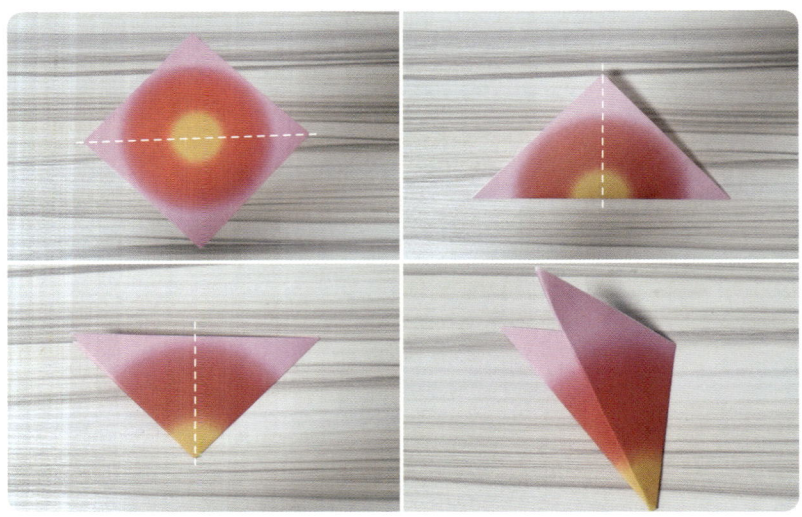

④ 이번에는 화전을 만들어 볼게요. 그러데이션 색종이를 삼각형으로 3번 접어 주세요.

⑤ 겹쳐서 접은 색종이를 꽃잎 모양으로 오려 여러 장의 꽃잎을 만들어 주세요.

 흰색 클레이를 둥글납작하게 빚은 다음 색종이 꽃잎을 붙여 주세요.

TIP
· 그러데이션 색종이 대신 꽃잎 모양 마스킹 테이프를 사용해도 됩니다.
· 꽃잎 모양 마스킹 테이프는 생활용품점에서 구입할 수 있어요.

 만들기 놀이 TIP

송편은 가을의 명절 '추석'에 먹는 떡이고, 화전은 원래 진달래 꽃잎을 올리는 음식으로 봄의 명절 '삼짓날'에 먹는 떡이라는 것을 알려 주세요. 추천 그림책 중 《달래네 꽃놀이》를 함께 읽으면 좋습니다.

떡을 주제로 한 그림책 더 읽어 보기

무궁화꽃이 피었습니다

천미진 글, 강은옥 그림,
키즈엠 | 2019

떡이 최고야

김난지 글, 최나미 그림,
천개의바람 | 2016

에헤야데야 떡 타령

이미애 글, 이영경 그림,
보림 | 2007

우와! 이게 웬 떡이야?

김홍신, 임영주 글,
전병준 그림,
노란우산 | 2013

달래네 꽃놀이
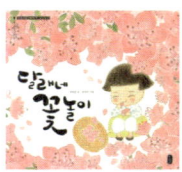
김세실 글, 윤정주 그림,
책읽는곰 | 2015

무지개떡 괴물

강정연 글, 한상언 그림,
단비어린이 | 2016

무슨 떡을 만들지?

김혜균 글·그림,
삐아제어린이 | 2011

찰떡 콩떡 수수께끼 떡

김정희 글, 김소영 그림,
윤숙자 감수,
웅진주니어 | 2013

시루의 밤

권서영 글·그림,
창비 | 2019

가래떡

사이다 글·그림,
반달(킨더랜드) | 2016

호랭떡집

서현 글·그림,
사계절 | 2023

꿈책맘의 그림책 큐레이션

🟠 전통문화를 소재로 한 그림책

우리나라의 다양한 전통문화를 엿볼 수 있는 단행본 그림책이에요. 세시풍속, 민화, 책가도(민화의 일종으로 책, 문방구, 도자기 등을 그린 그림), 장례 전통 등을 다룬 그림책을 만나 보세요.

달집태우기

전명진 글·그림,
현북스 | 2015

책 冊

지현경 글·그림,
책고래출판사 | 2019

여울이의 미술관 나들이

백미숙 글, 이준선 그림,
키즈엠 | 2013

어, 엄마 어디 갔지?

홍주희 글·그림,
현북스 | 2016

꼭두랑 꽃상여랑

김춘옥 글, 이수진 그림,
풀빛 | 2019

꼭두와 꽃가마 타고

이윤민 글·그림,
한림출판사 | 2013

이상한 나라의 정지오
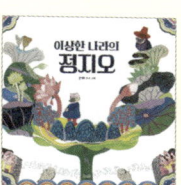
은미 글·그림,
모래알 | 2019

조선시대 냥 : 고양이 풍속화 그림책

냥송이 글·그림,
발견(키즈엠) | 2022

다양한 주제의 전통문화를 골고루 접할 수 있는 전통문화 단행본 시리즈와 전집은 큰 도움이 됩니다. 제 아이와 재미있게 보았던 책들을 정리한 블로그 게시글을 소개합니다.

▶ 전통문화 단행본 시리즈와 전집 추천 보러 가기

우리를 어디로든 빠르게 데려다주는 탈 것은
그림책의 단골 소재입니다.
재미있는 탈 것 그림책을 만나 보세요.

PART 05

탈것

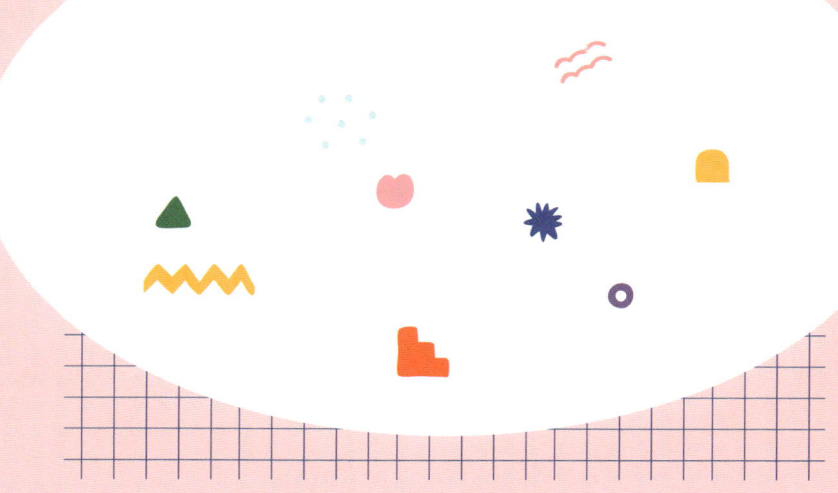

15. 《출동! 아빠 자동차》 읽고 휴지 심으로 자동차 만들기

자동차는 우리 주변에서 가장 흔하게 볼 수 있는 이동 수단입니다. 빠르게 달리고 공사 현장에서 힘든 일을 척척 해내는 모습에 매료되어 자동차에 흠뻑 빠지는 아이들이 많지요. 그래서 자동차는 매력적인 그림책의 소재이기도 합니다. 그림책에서 사람처럼 살아 움직이고 다양하게 변신하는 멋진 자동차들을 만나 보세요!

꿈책맘 추천 그림책과 공감 포인트

출동! 아빠 자동차
신혜영 글, 이명하 그림
천개의바람 | 2019

이 그림책은요

아빠가 다양한 자동차로 변신하는 모습이 재미있는 그림책이에요. 아이가 모래 놀이를 하다가 커다란 돌을 옮겨야 할 때 아빠를 부르면 아빠는 굴착기로 변신해서 커다란 돌을 번쩍 옮겨 주고요. 지나가던 강아지가 아이의 공을 물고 가면 아빠는 경찰차로 변신해서 강아지를 추격합니다. 아이의 "아빠, 도와줘요!"는 마법의 주문이고요. 다급할 때마다 듬직하게 아이를 도와주는 아빠는 마치 슈퍼히어로 같아요. 부탁하면 언제든 도와주는 든든한 존재가 있다는 것은 우리 삶에서 큰 힘이 되지요. 자동차를 소재로 한 그림책이지만 아빠의 사랑도 담고 있기에 아빠와 함께 읽으면 더 좋은 그림책입니다.

STEP 1 꿈책맘 이야기 놀이

📖 아빠의 모습 그대로도 멋진데 자동차로 변신하니 그 멋짐이 배가됩니다. 아빠가 자동차로 변신한다면 어떤 놀이를 하고 싶은지 이야기 나누어 보세요.

👩 엄마는 아빠가 캠핑카로 변신해서 같이 여행을 가면 좋을 것 같아.

👦 우리 아빠가 길에서도 달리고 물 위도 지나가고 하늘도 나는 만능 자동차로 변신하면 좋겠어요!

📖 재미있고 기발한 자동차를 상상해 보세요. 하늘을 나는 자동차나 바닷속을 여행하는 자동차도 좋아요. 엉뚱한 상상이 더해질수록 재미있는 이야기를 나눌 수 있어요.

👩 엄마는 알아서 주차를 척척 해주는 자동차가 있으면 좋겠어. 과학자들이 개발하고 있으니 곧 나올 수 있겠지?

👦 쓰레기를 모아서 연료로 사용하는 자동차가 있으면 좋을 것 같아요. 그럼 쓰레기 걱정을 하지 않아도 되잖아요.

STEP 2 꿈책맘 만들기 놀이

휴지 심에 플라스틱 뚜껑 바퀴를 붙여서 나만의 자동차를 만들어 보세요.
완성한 자동차에 미니어처 장난감을 태우면 더 재미있답니다.

- **준비물**
  - ☐ 휴지 심
  - ☐ 플라스틱 뚜껑
  - ☐ 마스킹 테이프
  - ☐ 장식용 스티커
  - ☐ 글루건
  - ☐ 가위
  - ☐ 칼

○ **놀이 시작**

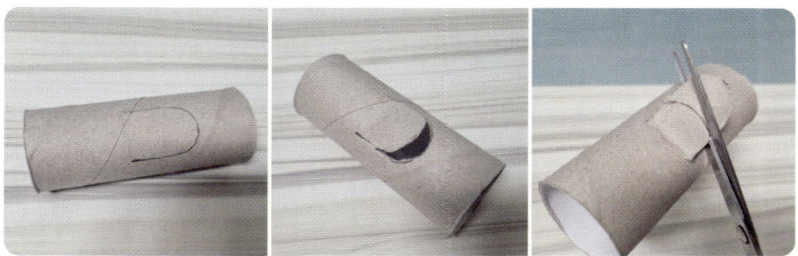

① 휴지 심의 중간쯤에 U자 모양으로 구멍을 뚫고 위로 접어 올려 주세요. 접어 올린 부분을 적당한 길이로 자르고 다듬으면 자동차 전면 유리가 됩니다.

② 휴지 심에 마스킹 테이프와 다양한 모양의 스티커를 붙여 장식해 주세요. 아이가 직접 그림을 그려도 좋아요.

③ 플라스틱 뚜껑 4개를 휴지 심에 글루건으로 붙여 자동차 바퀴를 만들어 주세요.

STEP 3. 자동차를 주제로 한 그림책 더 읽어 보기

다양한 자동차를 소재로 한 그림책들

부릉부릉! 세상 모든 자동차 책

토드 파 글·그림,
도담도담 옮김,
키즈엠 | 2019

악셀은 자동차를 좋아해

마리아네 이벤 한센 글,
한나 바르톨린 그림,
김정희 옮김,
현북스 | 2014

뿜빠뿜빠 노래하는 자동차

김삼현 글·그림,
시공주니어 | 2021

수상한 신호등

더 캐빈 컴퍼니 글·그림,
송태욱 옮김,
비룡소 | 2020

꿈의 자동차

허아성 글·그림,
책읽는곰 | 2018

내가 자동차를 만든다면

크리스 반 두센 글·그림,
유사랑 옮김,
주니어김영사 | 2018

자동차 뒤에 자동차!

한나 알브렉트손 글·그림,
선화 옮김,
키즈엠 | 2019

바빠요, 바빠!

이정빈 글·그림,
이야기꽃 | 2020

부릉부릉 치티가 간다!

신동준 글·그림,
책읽는곰 | 2014

분주한 자동차 정비소

캐런 브라운 글,
찰리 데이비스 그림,
고영이 옮김,
김필수 감수,
사파리 | 2021

달려라, 꼬마 자동차!

수 플리스 글,
에드워디언 테일러 그림,
김은재 옮김,
에듀앤테크 | 2020

빵빵! 무슨 일이야?

오무라 토모코 글·그림,
고향옥 옮김
길벗어린이 | 2016

🔵 버스를 소재로 한 그림책들

버스

버스 안

나 홀로 버스

혼자 버스를 타고

남윤일 글·그림,
시공주니어 | 2018

남윤일 글·그림,
시공주니어 | 2019

남강한 글·그림,
북극곰 | 2016

마리안 뒤빅 글·그림,
선우미정 옮김,
느림보 | 2014

두더지 버스

고구마 버스

세상에서 가장 행복한 100층 버스

우리들의 특별한 버스

사토 마사히코 원작,
우치노 마스미 글·그림,
고향옥 옮김,
한림출판사 | 2012

후지도토
토모히코 글·그림,
정유n 옮김,
뜨인돌어린이 | 2010

마이크 스미스 글·그림,
노은정 옮김,
사파리 | 2013

밥 그레이엄 글·그림,
엄혜숙 옮김,
시공주니어 | 2012

비 오는 날의 소풍

마세 나오카타 글·그림,
정영원 옮김,
비룡소 | 2022

16. 《바무와 게로의 하늘 여행》 읽고 휴지 심으로 비행기 만들기

하늘을 난다는 것은 정말 멋진 일이에요. 하늘에서 바라보는 지상의 풍경은 장난감 세상을 보는 듯 새로운 느낌을 줍니다. 비행기가 이륙해서 하늘을 날 때면 구름을 눈높이에서 바라보는 것도 신기한데 비행기가 구름 위로 올라가면 구름 위를 떠가는 신비한 느낌이 들어요. 자주 할 수 없는 여행이기에 더 간절해집니다. 기발한 상상이 가득해서 더 신나는 그림책 속 비행기 여행을 떠나 보세요.

꿈책맘 추천 그림책과 공감 포인트

바무와 게로의 하늘 여행
시마다 유카 글·그림, 햇살과나무꾼 옮김,
중앙출판사(JDM) | 2007

이 그림책은요

귀여운 사고뭉치 두꺼비 '게로'와 게로를 의젓하게 보살펴주는 강아지 '바무'의 이야기예요. 바무의 할아버지는 생일 파티에 바무를 초대하면서 조립식 비행기 세트를 보내주셨어요. 바무와 게로는 완성한 비행기를 타고 할아버지 댁으로 출발하는데요. 눈물이 줄줄 나는 양파 산맥, 커다란 구멍에 애벌레가 사는 사과산 등을 지나며 흥미진진한 모험을 하게 됩니다. 일본 그림책 특유의 엉뚱한 유머와 디테일이 살아 있는 그림책이에요.

STEP 1 꿈책맘 이야기 놀이

📖 바무와 게로는 비행기를 타고 할아버지 댁에 가는데요. 비행기가 있다면 어디에 가고 싶은지 아이와 이야기 나누어 보세요.

📖 이 책에는 바무와 게로 이외에도 작고 귀여운 캐릭터들이 등장합니다. 아이와 함께 귀여운 조연 캐릭터들을 찾고 그들이 무엇을 하고 있는지 이야기 나누어 보세요.

📖 책에 등장하는 거대한 채소와 과일로 이루어진 산맥과 동굴이 기발합니다. 작가의 상상력에 감탄하게 되지요. 책을 보며 아이의 상상 속 이야기를 나눠 보세요.

👦 대파 숲에 들어가면 눈이 맵고 눈물이 날 것 같아.

👫 딸기잼 늪에 갈 때는 꼭 빵을 가져가야 해요. 그리고 빈 병을 가져가서 잼을 담아올 거예요.

👩 엄마는 아메리카노 강이 있었으면 좋겠어. 피곤할 때 가서 한 컵씩 담아 마시려고.

👫 초콜릿 폭포도 있으면 좋겠어요. 달콤한 초콜릿을 실컷 먹을 수 있잖아요.

STEP 2 꿈책맘 만들기 놀이

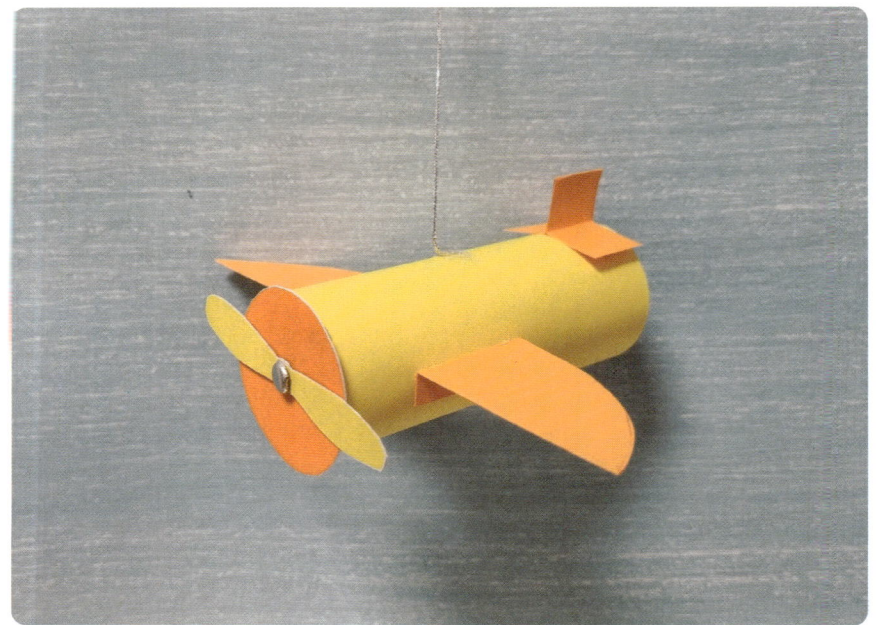

휴지 심으로 하늘을 훨훨 나는 프로펠러 비행기를 만들어 보세요.

- **준비물**
  - ☐ 휴지 심
  - ☐ 색지(80g 두께) 또는 색종이
  - ☐ 할핀(10mm 길이) 또는 빵끈 철사
  - ☐ 가위
  - ☐ 송곳
  - ☐ 연필
  - ☐ 자
  - ☐ 풀
  - ☐ 글루건

○ **놀이 시작**

 휴지 심을 색지나 색종이로 감싸 주세요.

TIP
- A4 용지의 1/4 크기로 준비하면 휴지 심과 딱 맞아요.
- 색지 전체에 풀을 바르지 말고 시작과 끝 지점에만 바르면 붙이기 더 편합니다.

휴지 심을 대고 그린 연필 선보다 2~3mm 크게 오리기

② 비행기 프로펠러를 고정하려면 휴지 심 한쪽을 막아야 해요. 뒷면에 두꺼운 종이를 붙인 색지에 휴지 심을 대고 동그라미를 그린 후 가위로 오려 주세요.

TIP 동그라미와 프로펠러는 완성했을 때 겉으로 연필선이 보이지 않도록 종이 뒷면에 그림을 그려 주세요.

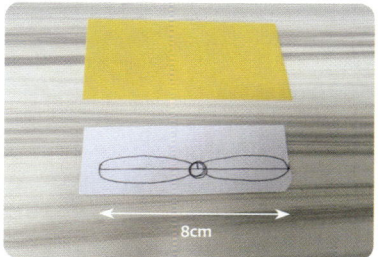

③ 색지 뒷면에 두꺼운 종이를 붙이고 8cm 길이의 프로펠러를 그려서 오립니다.

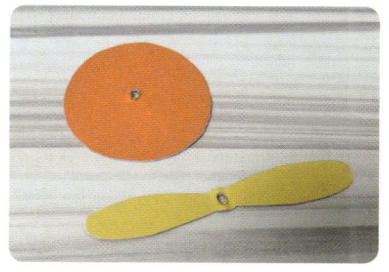

④ ②에서 완성한 동그라미와 프로펠러 중심에 송곳으로 구멍을 뚫어 주세요.

5 동그라미와 프로펠러의 중심에 할핀을 끼워 고정해 주세요.

TIP 돌아가는 프로펠러를 만들려면 할핀이 필요해요. 할핀이 없다면 빵끈 철사를 T자 모양으로 구부려서 사용하세요.

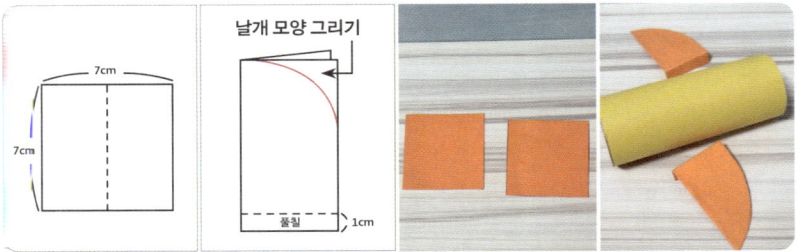

6 비행기 날개가 될 가로, 세로 7cm 크기의 정사각형 색지를 2장 준비해 주세요. 정사각형 색지를 반으로 접은 뒤 안쪽에 풀을 칠해서 붙이고 날개 모양을 그려서 오립니다. 끝부분은 1cm 정도 접어 휴지 심에 붙일 시접을 만듭니다.

TIP 색지를 반으로 접어서 두 겹으로 만들어야 튼튼한 날개가 됩니다. 두꺼운 종이라면 한 겹으로 만들어도 됩니다.

7 꼬리 날개는 7cm×2cm 크기의 직사각형을 4등분으로 접어서 가운데 두 칸을 겹쳐 붙인 다음 비행기 꼬리 부분에 붙여 주세요.

⑧ 비행기 몸통에 날개와 프로펠러를 붙여 완성합니다. 프로펠러는 글루건을 사용해서 붙여 주세요.

TIP 비행기에 끈을 달아서 천장에 매달면 하늘을 나는 분위기를 연출할 수 있어요.

STEP 3 비행기를 주제로 한 그림책 더 읽어 보기

비행기가 부웅부웅

구도 노리코 글·그림,
윤수정 옮김,
책읽는곰 | 2017

비행기 타고 떠나는 여행

마고 린 글,
브라이언 피츠제럴드 그림,
한소영 옮김,
키즈엠 | 2019

비행기 타는 날

샤론 렌타 글·그림,
최용은 옮김,
키즈엠 | 2015

두근두근 처음 가는 공항

안나카린 가르하몬 글·그림,
손화수 옮김,
현암주니어 | 2018

여행은 제비 항공

모토야스 게이지 글·그림,
윤수정 옮김,
책읽는곰 | 2018

여행은 구구 항공

모토야스 게이지 글·그림,
윤수정 옮김,
책읽는곰 | 2020

궁금해요 비행기 여행

감 글·그림,
시공주니어 | 2014

그림자 비행기

고미 타로 글·그림,
이경희 옮김,
한솔수북 | 2017

17. 《빠앙! 기차를 타요》 읽고 편지 봉투로 기차 만들기

기차 여행은 특유의 낭만과 운치가 있습니다. 창밖의 풍경을 멍하니 바라보는 것도 좋지요. 맛있는 간식을 먹는 것도 기차 여행의 즐거움 중 하나입니다. 그림책을 통해 단순한 교통수단이 아닌 상상으로 가득한 기차 이야기를 만나 보세요.

꿈책맘 추천 그림책과 공감 포인트

빠앙! 기차를 타요
마세 나오카타 글·그림, 정영원 옮김
비룡소 | 2019

이 그림책은요

이 그림책은 독특한 구조를 가졌습니다. 오른쪽으로 책장을 넘기는 일본 그림책 제본 형식인데, 앞으로도 뒤로도 읽을 수 있습니다. 어느 쪽에서 시작해도 어색하지 않도록 구성되어 있어서 어느 쪽을 먼저 봐도 재미있어요. 산골역과 바닷가역을 왕복하는 기차의 여정을 보여 주는 데 더할 나위 없는 기발한 구성입니다.

두 칸짜리 작은 기차가 달리는 모습을 통해 다양한 풍경을 보여 주는데요. 기차가 빠앙 소리를 내며 어두운 터널을 통과할 때마다 기차 밖의 풍경이 바뀌어서 더욱 극적인 느낌을 줍니다. 터널의 입구와 출구가 나오는 페이지에는 구멍이 뚫려 있어요. 터널 구멍을 통해 보이는 모습은 아이들의 호기심을 자극합니다. 다음에 만날 풍경에 대한 기대감을 높여 주지요. 기차가 출발한 산골역은 높은 곳에 있어서 흰 눈이 덮인 겨울의 모습인데요. 바닷가역에 가까워질수록 가을에서 여름, 봄으로 계절이 변해 다채로운 풍경을 감상할 수 있는 점도 인상적이에요. 기차가 터널을 지날 때는 승객들의 모습에 집중해 보세요. 승객들이 무엇을 하는지 유심히 살펴보는 것도 큰 재미 포인트랍니다.

STEP 1 꿈책맘 이야기 & 그림 놀이

📖 그림책에 등장하는 장소 중 어디가 가장 마음에 들고 그곳에서 무엇을 하고 싶은지 이야기해 보세요.

📖 기차 여행을 간다면 기차에서 어떤 간식을 먹고 싶은지 이야기해 보세요.

📖 대중교통에서 아이와 조용하게 할 수 있는 놀이로 'shape game'을 추천합니다. 《앤서니 브라운의 행복한 미술관》에 나오는 놀이예요. 한 사람이 왼쪽 아래 사진처럼 자유롭게 아무 모양이나 그리면, 다른 한 사람이 상상력을 발휘해서 그림을 완성합니다. 어린아이인 경우 단순한 도형을 그려 주세요. 6~7세 이상이라면 복잡한 모양에 상상을 더하는 것을 재미있어해요. 엄마와 아이 둘이서 할 때는 서로 번갈아서 순서를 바꿔 그려 보세요. 그릴 때는 서로 다른 색의 색연필을 사용하면 좋아요.

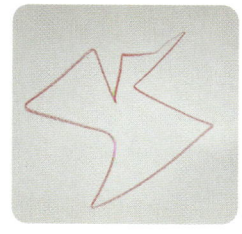 

STEP 2 꿈책맘 만들기 놀이

편지 봉투로 기차를 만들어 칙칙폭폭 기차 놀이를 해 보세요.

○ 준비물
- ☐ 아이 또는 가족사진
- ☐ 편지 봉투
- ☐ 휴지 심 2개
- ☐ 플라스틱 고리
- ☐ 기찻길을 붙일 큰 종이
- ☐ 양면 색종이
- ☐ 스티커
- ☐ 마스킹 테이프, 투명 테이프
- ☐ 풀
- ☐ 연필
- ☐ 사인펜
- ☐ 자
- ☐ 가위
- ☐ 칼

○ 놀이 시작

1. 편지 봉투 입구를 풀칠해서 봉한 뒤 3등분으로 자릅니다. 가운데 조각으로는 기관차의 운전석을 만들고 나머지 두 조각으로는 객실 칸을 만들 거예요.

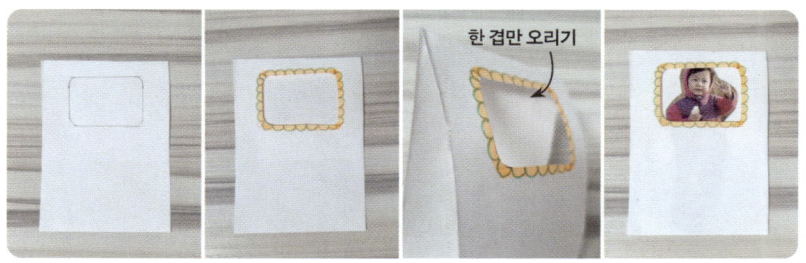

2. 가운데 조각의 윗부분에 운전석 창문을 그리고 테두리에는 그림을 그려 장식해 주세요. 창문에 사진을 넣기 위해 창문 안쪽은 칼로 잘라 냅니다.

TIP 봉투 두 겹을 모두 오리면 사진을 넣고 뺄 때 어려울 수 있으니 한 겹만 오려 주세요.

3. 기차의 기관실을 만들기 위해 양면 색종이를 15cm×5cm 크기로 준비합니다. 끝부분을 2cm 정도 남기고 접은 뒤, 겹치지 않은 앞부분은 사선 모양으로 잘라 주세요.

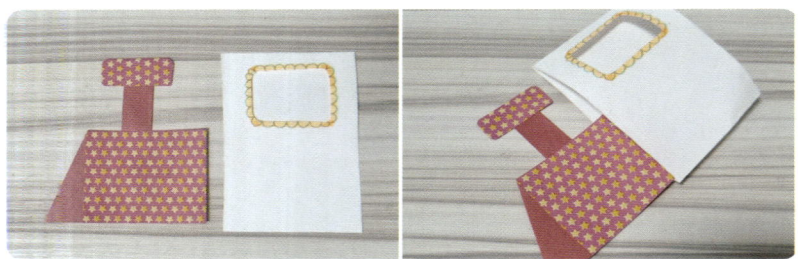

④ 굴뚝 모양을 만들어 색종이 사이에 끼우고 겹쳐 접은 부분을 풀칠해서 붙입니다. 그다음 ②에서 준비한 운전석 앞부분에 끼우고 풀로 붙여 주세요.

⑤ 운전석에 사진을 넣었다 뺐다 하기 위해 테이프나 풀로 봉투 양쪽을 봉하고 윗부분을 칼로 잘라 냅니다.

⑥ ①에서 준비한 봉투 양끝 조각의 막힌 부분을 아래로 두고 마스킹 테이프와 스티커로 예쁘게 꾸며 객실 칸을 만들어 주세요.

TIP 동그라미 스티커를 반으로 잘라 패턴을 만들거나 마스킹 테이프 대신 무늬 색종이를 띠 모양으로 잘라 붙여도 됩니다.

7. 기차 바퀴를 만들기 위해 휴지 심을 납작하게 누른 뒤 4등분하여 자릅니다. 4등분한 휴지 심의 중간을 가로로 깊숙이 잘라 기차 칸을 끼울 틈을 만들어 주세요. 납작해진 휴지 심은 다시 동그랗게 펴 주세요.

8. 기차 칸을 연결하기 위해 펀치로 양쪽 끝에 구멍을 뚫고 휴지 심 바퀴에 끼워 주세요. 플라스틱 고리로 각 칸을 연결하고 아이의 사진도 잘라 끼웁니다.

TIP 아이 사진은 두꺼운 포토 용지에 출력하거나, 뒷면에 종이를 덧붙이면 기차에 태울 때 조작하기 편해요.

9 큰 종이에 마스킹 테이프를 붙여 기찻길을 만들고 기차를 올려 기차 놀이를 해 보세요.

TIP 마스킹 테이프 대신 두꺼운 사인펜으로 기찻길을 그려도 됩니다.

 만들기 놀이 TIP

기차 놀이를 할 때 동요 〈장난감 기차〉의 가사를 개사해서 불러 보세요.

♬ 편지 봉투 기차가 칙칙 떠나간다.
　○○이와 ○○이를 태우고 거실에 있는 아빠에게 빠앙 달려갑니다.

♬ 편지 봉투 기차가 칙칙 떠나간다.
　○○이와 ○○이를 태우고 부엌에 있는 간식을 먹으러 빠앙 달려갑니다.

STEP 3 기차를 주제로 한 그림책 더 읽어 보기

지하철을 타고서

고대영 글, 김영진 그림,
길벗어린이 | 2006

지하철은 달려온다
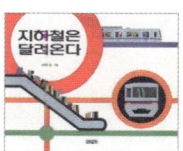
신동준 글·그림,
초방책방 | 2003

기차를 타고 가요

정연진 글, 남경민 그림,
큐리어스 | 2015

밤 기차 여행

로버트 버레이 글,
웬델 마이너 그림,
민유리 옮김,
키위북스(아동) | 2020

꼬마 지하철 달리
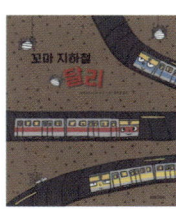
미야니시 타츠야 글·그림,
김수희 옮김,
미래아이(미래M&B) | 2022

기차 타고 떠나는 여행

마고 린 글,
브라이언 피츠제럴드 그림,
달보름 옮김,
키즈엠 2019

이상한 기차

한아름 글·그림,
창비 | 2018

잘 자요, 칙칙폭폭 꿈의 기차

셰리 더스키 린커 글,
탐 리히텐헬드 그림,
이정훈 옮김,
푸른날개 | 2013

칙칙폭폭 동물 기차

시노다 코헤이 글·그림,
강해령 옮김,
북극곰 | 2017

꿈틀꿈틀 애벌레 기차

니시하루 미노리 글·그림,
김영주 옮김,
북스토리아이 | 2014

지하철 사자선

사토 마사노리 글·그림,
강방화 옮김,
한림출판사 | 2017

지하철이 잠들면

박슬기 글·그림,
노란상상 | 2020

18 《두근두근 펭귄 유람선》 읽고 재활용품으로 배 만들기

짭조름한 바다 냄새를 맡으며 배를 타는 기분은 정말 색다릅니다. 배의 스크루가 만드는 물거품을 멍하니 바라보는 것도 은근히 중독성이 있지요. 단, 뱃멀미가 오기 전까지 느끼는 낭만이겠지만요. 아이와 함께 먼 바다를 항해하는 모습을 담은 그림책을 읽으며 바다를 항해하는 상상을 해 보세요.

꿈책맘 추천 그림책과 공감 포인트

두근두근 펭귄 유람선
노하나 하루카 글·그림, 이여주 옮김,
문공사 | 2018

이 그림책은요 처음 크루즈 여행을 떠난 펭귄 가족의 이야기로 아기자기한 일러스트가 돋보이는 책입니다. 위대한 펭귄호는 오락실과 수영장 등의 시설을 갖춘 멋진 유람선인데요. 접혀 있는 페이지를 열면 등장하는 객실이 24개나 됩니다. 각 객실에서 벌어지는 다양한 이야기가 참 재밌습니다. 유람선 어딘가에 있는 펭귄 가족을 찾아보세요. 펭귄 가족 말고 다른 펭귄을 따라가 보는 것도 좋아요. 멋진 유람선을 구석구석 살펴보다 보면 시간 가는 줄 모른답니다.

STEP 1 꿈책맘 이야기 놀이

📖 책에 나오는 24개의 객실 중에서 어떤 객실에 묵고 싶은지 이야기 나누어 보세요.

👩 엄마는 도서관 객실에서 읽고 싶은 책을 실컷 읽고 카페 객실에서 달콤한 디저트를 먹고 싶어.

📖 크루즈어는 극장도 있고 식당도 있고 공연장도 있어요. 크루즈 안에 또 어떤 시설이 있으면 좋겠는지 이야기해 보세요.

👦 키즈카페 객실에서 새로운 친구들을 만나서 놀면 재미있을 것 같아요.

📖 크루즈어서의 놀이도 재밌지만 중간 정박지에서 보내는 시간도 즐거워요. 책에서는 '구아나섬'에 정박하는데요. 만약 크루즈 여행을 한다면 어떤 곳에 가고 싶은지 이야기 나누어 보세요.

👩 엄마는 들고래 섬에 가서 돌고래들과 함께 수영하면 멋질 것 같아.

👦 저는 그양이 섬에 가서 고양이들과 함께 놀 거예요.

📖 어떤 펭귄과 어떤 놀이를 하고 싶은지 이야기 나누어 보세요.

👩 요리사 펭귄을 만나면 맛있는 요리법을 배울 수 있으려나?

👦 저는 마법사 펭귄을 만나서 마법을 배울 거예요.

STEP 2 꿈책맘 만들기 놀이

직접 물에 띄워서 놀이할 수 있는 작은 배를 만들어 보세요.
만든 배는 아이와 목욕할 때 가지고 놀아도 좋답니다.

- **준비물**
  - ☐ 재활용 플라스틱 용기
  - ☐ 주름 빨대
  - ☐ 색종이
  - ☐ 스티커
  - ☐ 펀치
  - ☐ 투명 테이프

○ **놀이 시작**

① 돛을 만들기 위해 가로 세로 10cm 크기의 색종이를 준비합니다. 색종이를 사다리꼴로 자르고 위, 아래 중앙에 펀치로 구멍을 뚫어 주세요.

② 돛의 구멍에 주름 빨대를 끼워 주세요.

TIP
빨대의 주름이 있는 부분이 아래로 가도록 끼워 주세요.

③ 색종이로 삼각 깃발을 만들어 빨대 꼭대기에 붙여 주세요.

4. 주름 빨대를 구부린 뒤 재활용 용기에 투명 테이프로 고정하고 스티커를 붙여 배를 장식해 주세요.

5. 완성한 배에 작은 장난감을 태우고 물에 띄워 보세요.

TIP
물에 파란 물감을 풀면 정말 바다에 배를 띄운 것처럼 실감나는 놀이를 할 수 있어요.

STEP 3 배를 주제로 한 그림책 더 읽어 보기

배 여행

피에르 윈터스 글,
티네케 메이린크 그림,
김현희 옮김,
김성준 감수,
사파리 | 2018

배 하나 그려 주세요
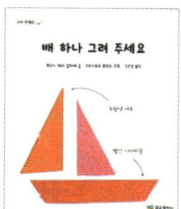
록산느 마리 갈리에 글,
크리스토프 봉상스 그림,
김주열 옮김,
꿈교출판사 | 2014

작은 배

캐시 핸더슨 글,
패트릭 벤슨 그림,
황의방 옮김,
보림 | 2000

아빠에게 보내는 작은 배

제시아 배글리 글·그림,
김가빈 옮김,
베틀북 | 2016

꼬마 곰과 작은 배

이브 번팅 글,
낸시 카펜터 그림,
김서정 옮김,
웅진주니어 | 2003

나는 작은 배의 용감한 선장

유리 슐레비츠 글·그림,
시공주니어 | 2010

바다로 간 재재

신윤화 글, 주맹정 그림,
키즈엠 | 2018

꿈의 배 매기호

아이린 하스 글·그림,
이수명 옮김,
비룡소 | 2004

늙은 배 이야기

방글 글, 임덕란 그림,
책고래출판사 | 2016

검피 아저씨의 뱃놀이

존 버닝햄 글·그림,
이주령 옮김,
시공주니어 | 1996

집에 온 고양이 빈센트
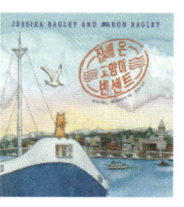
제시카 배글리,
애런 배글리 글·그림,
홍연미 옮김,
재능교육 | 2018

배를 타고 뿌우뿌우

수잔 스티걸 글·그림,
김희성 옮김,
엔이키즈(NE Kids) | 2015

 # 꿈책맘의 그림책 큐레이션

🍊 탈것을 소재로 한 단행본 시리즈 그림책

펭귄 남매랑 타요 시리즈 구토 노리코 글·그림, 윤수정 옮김 | 책읽는곰

펭귄 삼 남매와 함께 여행을 하며 여행 에티켓과 교통수단에 대해 배울 수 있는 그림책 시리즈예요.

《기차를 타요》(2018)   《배를 타요》(2018)   《비행기를 타요》(2018)   《버스를 타요》(2018)

사파리 공룡 출동 시리즈 페니 데일 글·그림, 김수수, 김현희 옮김 | 사파리

아이들이 좋아하는 공룡과 교통수단이 함께 등장하는 그림책이에요.

  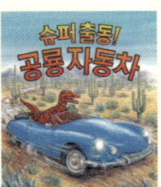

《출동 완료! 공룡 중장비》(2019)   《긴급 출동! 공룡 구급대》(2021)   《슈퍼 출동! 공룡 자동차》(2021)

윌리엄 비의 굉장한 정비소 시리즈 윌리엄 비 글·그림, 김영선 옮김 | 보림

큼직한 판형과 세밀한 일러스트로 다양한 탈 것을 살펴볼 수 있는 그림책이에요.

《트럭》(2020)   《기차·배·비행기》(2020)   《트랙터》(2020)

빵빵 친구들 시리즈

셰리 더스키 린커 글, 탐 리히텐헬드, AG 포드 그림,
북 도슨트, 박선주, 최은영 옮김 | 푸른날개

탈 것을 의인화한 시리즈로 자동차의 역할뿐 아니라 올바른 생활 습관까지 알려 주는 그림책이에요.

《잘 자요, 빵빵 친구들》(2012)　《무적의 빵빵 친구들》(2017)　《꼬마 트럭과 빵빵 친구들》(2019)　《철거하는 빵빵 친구들》(2020)

피터 시스 탈 것 그림책 시리즈

피터 시스 글·그림 | 시공주니어

유명 그림책 작가 피터 시스 특유의 상상력이 돋보이는 탈 것 그림책이에요.

《배를 타고 0:호!》(2011)　《일하는 자동차 출동!》(2011)　《소방차가 되었어》(2011)

다 모여 시리즈

석철원 글·그림 | 여유당

선명하고 귀여운 일러스트로 시선을 사로잡는 탈 것 그림책 시리즈예요.

《버스야 다 모여!》(2018년)　《전철아 다 모여!》(2018)　《바퀴야 다 모여!》(2019)

지구에는 수많은 동물이 살고 있지요.
그림책을 보며 다양한 동물에 대해 알아보고, 그들이 지구에서 우리와
함께 살아가는 동반자라는 생각을 일깨워 주세요.
더불어 생명을 사랑하는 마음과 소중함을 잊지 않도록 해 주세요.

PART 06

다양한 동물

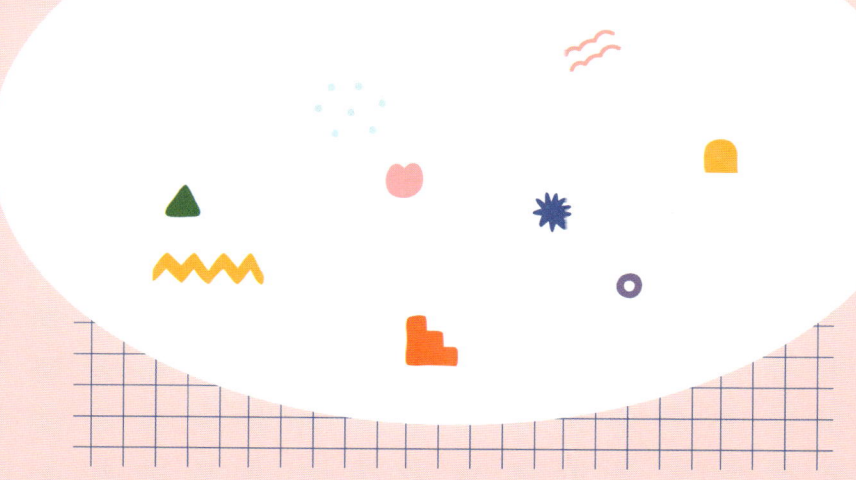

19 《바다 100층짜리 집》 읽고 입체 바닷속 풍경 꾸미기

평소에는 집중력이 짧은 아이도 어항 속에서 헤엄치는 물고기를 볼 때는 초인적인 집중력을 보여 줍니다. 그만 보고 가자고 해도 설득하기 쉽지 않을 때가 많지요. 지느러미를 움직이며 입을 뻐끔거리고 이리저리 자유롭게 헤엄치는 물고기는 한참을 봐도 질리지 않아 봐요. 생생한 자연관찰 그림책도 좋지만, 상상 가득한 바닷속 여행을 담은 그림책을 통해 다양한 바다 생물을 만나 보세요.

**꿈책맘
추천 그림책과
공감 포인트**

바다 100층짜리 집
이와이 도시오 글·그림, 김숙 옮김,
북뱅크 | 2014

 그림책은요

아기자기하고 귀여운 일러스트로 아이들에게 큰 사랑을 받고 있는 《100층짜리 집》 시리즈 중 한 권입니다. 아이들에게 100은 정말 큰 숫자인데요. 100층짜리 집이지만 10층씩 나누어서 살펴보기 때문에 부담은 적고 재미는 큰 그림책이에요. 층별로 다양한 상황과 이야기를 풀어 놓는 작가의 상상력에 감탄하게 됩니다.

이 책에서는 인형 '콩이'가 주인공으로 등장해요. 배를 타고 가던 콩이의 주인은 갈매기에게 먹이를 주려다가 실수로 콩이를 떨어뜨립니다. 바다에 빠지며 소용돌이에 휘말린 콩이는 입고 있던 옷과 신발, 가방을 모두 잃어버리는데요. 바다 100층짜리 집을 차례로 살펴보며 잃어버린 물건을 찾기 시작합니다. 하지만 콩이의 물건들을 바다 동물들이 이미 사용하고 있어 되돌려 받기가 어려워져요. 그러자 바다 동물들은 콩이의 물건을 대신할 것들을 선물합니다. 바다 동물에게서 받은 선물로 멋진 패션을 완성하는 콩이의 모습을 만나 보세요.

꿈책맘 이야기 놀이

📖 100층 집에 사는 바다 동물들의 집에는 재미있는 디테일이 가득해요. 각 바다 동물의 특징을 반영한 집의 모습을 자세히 관찰하고 이야기 나누어 보세요.

📖 100층 집에 갈 수 있다면 어느 바다 동물의 집에 가 보고 싶은지 이야기 나누어 보세요.

📖 100층 집에 살았으면 하는 바다 동물이 있는지 이야기 나누어 보세요.

📖 《100층짜리 집》 시리즈를 읽고 다양한 곳의 동물들에 대해 이야기 나누어 보세요.

100층짜리 집 시리즈

《100층짜리 집》 (2009)   《지하 100층짜리 집》 (2010)   《하늘 100층짜리 집》 (2017)   《숲속 100층짜리 집》 (2021)

STEP 2 꿈책맘 만들기 놀이

휴지 심으로 물고기를 만들어서 바닷속 풍경을 꾸며 보세요.
아이가 원하는 바다 생물을 직접 그려서 꾸미면 더 좋아요.

● **준비물**
- ☐ 택배 상자
- ☐ 휴지 심
- ☐ 파란색 색지
- ☐ 색종이
- ☐ 낚싯줄 또는 실
- ☐ 동그라미 스티커, 인형 눈 또는 눈 모양 스티커
- ☐ 모루
- ☐ 유성 사인펜
- ☐ 투명 테이프
- ☐ 가위

○ **놀이 시작**

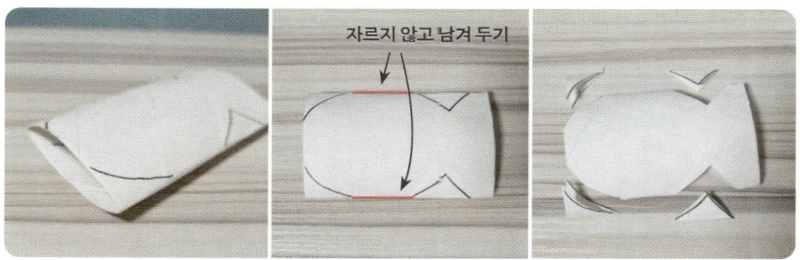

① 휴지 심을 납작하게 눌러 물고기 모양을 그린 후 가위로 잘라 주세요. 빨간 선으로 표시한 부분은 자르지 않아야 물고기의 입체감이 유지됩니다.

② 유성 사인펜으로 아가미와 꼬리지느러미를 그려 주세요. 동그라미 스티커를 반으로 잘라 붙여 물고기 비늘을 표현합니다. 옆 지느러미는 반원 모양으로 자른 스티커를 빨간 점선 표시대로 잘라 붙여 주세요. 인형 눈을 붙이고 입을 그리면 물고기가 완성됩니다.

TIP 스티커 대신 아이가 직접 사인펜이나 색연필로 다양한 무늬를 그려도 됩니다.

3. 준비한 상자의 안쪽에 파란색 색지를 붙이고 낚싯줄로 물고기를 매달아 주세요. 낚싯줄은 투명 테이프를 사용해서 박스 윗면에 붙입니다.

4. 모루로 수초를 만들어 상자 바닥에 투명 테이프로 붙여 주세요. 집에 자갈이나 조개껍데기가 있다면 함께 장식해도 좋아요.

STEP 3 바다를 주제로 한 그림책 더 읽어 보기

● 신비한 바닷속 여행을 통해 다양한 바다 생물을 만나는 그림책들

바다 체험학습 가는 날

존 헤어 지음,
행복한그림책 | 2021

할머니의 용궁 여행

권민조 글·그림,
천개의바람 | 2020

바다가 좋아!

무라카미
야스나리 글·그림,
양선하 옮김,
사파리 | 2021

바다가 좋아요

김남길 글·그림,
바우솔 | 2012

바다에 가면

사라 코우리 글·그림,
황세림 옮김,
해와나무 | 2020

잠수 로봇의 바다 탐험

김호남 글·그림,
센트럴라이즈드 | 2018

Let's Go 바다 탐험

티머시 내프먼 글,
웨슬리 로빈스 그림,
김영선 옮김,
보림 | 2020

바다 이야기

아누크 부아로베르,
루이 리고 글·그림,
이정주 옮김,
보림 | 2014

해저탐험*: 짐 큐리어스, 바닷속으로 가다

마티아스 피카르 지음,
보림 | 2013

시간 상자

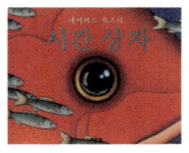

데이비드 위즈너 지음,
시공주니어 | 2018

해파리 버스

이수현 글·그림,
웅진주니어 | 2022

*《해저탐험: 짐 큐리어스, 바닷속으로 가다》는 입체 안경을 끼고 보는 3D 입체 그림책이에요.

20 《무슨 줄일까?》 읽고 동물 모양 쿠키 만들기

땅에 사는 동물들은 사는 곳, 먹이, 생김새가 매우 다양합니다. 생소한 동물들도 그림책으로 접하다 보면 친근해져요. 책에서만 보던 동물을 동물원에 가서 실제로 만나면 더욱 인상 깊은 추억이 됩니다. 아이와 함께 그림책에서 다양한 동물을 만나고, 그들을 지구에서 함께 살아가는 동반자로 사랑하는 마음을 갖도록 해 주세요.

꿈책맘 추천 그림책과 공감 포인트

무슨 줄일까?
오무라 토모코 글·그림, 서지연 옮김,
계림(계림북스) | 2010

이 그림책은요 기다랗게 줄을 서서 뭔가를 기다리는 동물들의 모습이 호기심을 유발하는 그림책이에요. 작은 동물로 시작해서 점점 큰 동물이 등장하며 총 50마리의 동물을 만날 수 있답니다. 줄을 서서 기다리는 과정은 지루하고 힘들기에 줄을 선 동물들은 나름의 놀이를 하거나 서로 대화를 나누는데요. 그 모습이 아기자기한 재미를 줍니다. 프식자와 피식자가 앞뒤로 나란히 서 있는 난감한 상황도 큰 웃음을 줍니다. 페이지를 넘겨도 동물의 행렬은 계속 이어지고, 맨 앞에는 무엇이 있을지 기대가 더욱 커지는데요. 긴 줄을 서서 기다릴 만한 가치가 있는, 정말 신나는 일이 벌어진다는 힌트를 드릴게요!

STEP 1 꿈책맘 이야기 놀이

📖 동물 이름을 맞추는 스무고개 놀이를 해 보세요. 머릿속으로 생각한 동물을 스무 번의 질문으로 상대가 알아맞히게 하면 됩니다. 문제를 내는 사람은 '네'와 '아니오'로만 대답할 수 있어요. 엄마가 먼저 질문 시범을 보이고, 질문은 큰 범위에서 작은 범위로 좁혀 가야 한다는 것을 알려 주세요.

우리나라에 사는 동물인가요? → 고기를 먹는 동물인가요? → 네 발로 걷는 동물인가요? → 몸에 무늬가 있나요?

하늘을 나는 동물인가요? → 바다에 사는 동물인가요? → 헤엄칠 수 있나요? → 몸집이 큰 동물인가요?

이야기 놀이 TIP

아이의 나이가 어릴 경우, 문제 범위가 넓으면 맞히기 힘들 수 있으니 동물 그림 카드나 이름 카드를 만들어서 한정된 범위 안에서 문제를 내고 맞히는 놀이를 하는 것이 좋습니다.

STEP 2 꿈책맘 만들기 놀이

냉동 토이 쿠키 반죽으로 예쁜 쿠키를 손쉽게 만들 수 있어요.
반죽의 색상이 다양해서 클레이로 만드는 느낌도 나지요.
직접 만든 다음 구워서 먹을 수도 있으니 아이들이 매우 재밌어한답니다.

○ **준비물**
- □ 토이 쿠키 반죽
- □ 유산지
- □ 미니오븐 또는 에어프라이어
- □ 이쑤시개
- □ 빵칼

◦ **돼지 쿠키 만들기**

1. 납작한 동그라미 얼굴을 만들어 주세요.
2. 작은 세모 귀와 타원형 코를 만들어 붙여 주세요.
3. 이쑤시개로 구멍을 뚫어 콧구멍을 만들어 주세요.
4. 작은 동그라미로 눈을 만들어 붙여 주세요.

◦ **하마 쿠키 만들기**

1. 납작한 타원형 얼굴을 만들어 주세요.
2. 빵칼로 타원형 반죽의 1/3을 자른 뒤 뒤집어서 얼굴 위에 붙이고 작은 동그라미로 귀와 눈을 만들어 주세요.
3. 이쑤시개로 구멍을 뚫어 콧구멍을 만들어 주세요.
4. 반죽을 덧붙여 턱을 만들고 이빨도 만들어 붙여 주세요.

○ **원숭이 쿠키 만들기**

1. 납작한 동그라미 얼굴을 만들어 주세요.
2. 연한 색 반죽으로 얼굴보다 작은 크기의 납작한 동그라미와 타원을 만들어 주세요.
3. ②에서 만든 반죽을 얼굴 위에 붙인 다음 이쑤시개로 구멍을 뚫어 콧구멍을 만들어 주세요.
4. 눈과 입, 귀를 만들어서 붙여 주세요.

○ **코끼리 쿠키 만들기**

1. 납작한 동그라미 얼굴을 만들어 주세요.
2. 길쭉한 코를 만들어 붙인 다음 이쑤시개를 눕혀서 눌러 주름을 만들어 주세요.
3. 납작한 타원형 반죽을 만들고 빵칼로 아래쪽을 살짝 자른 다음 세로로 2등분해서 코끼리 귀를 만들어 주세요.
4. 얼굴에 귀와 눈을 붙여 주세요.
5. 연한 색 반죽으로 작은 타원 2개를 만들어서 귀 안쪽에 붙여 주세요.

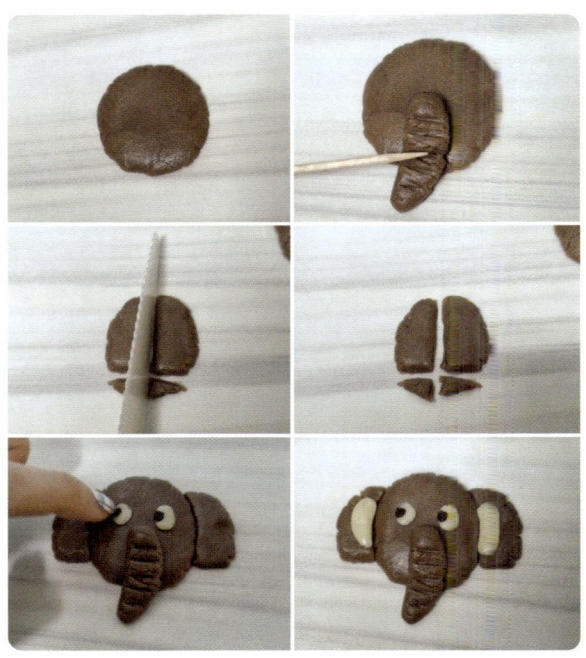

기린 쿠키 만들기

1. 납작한 타원형 얼굴을 만들어 주세요.
2. 기린의 뿔과 귀를 만들어 붙여 주세요.
3. 작은 타원형 반죽을 얼굴 아래쪽에 가로로 붙인 다음 눈을 붙여 주세요.
4. 이쑤시개로 구멍을 뚫어 콧구멍을 만들고 짙은 색 반죽을 가늘고 길게 밀어 입을 만들어 붙여 주세요.

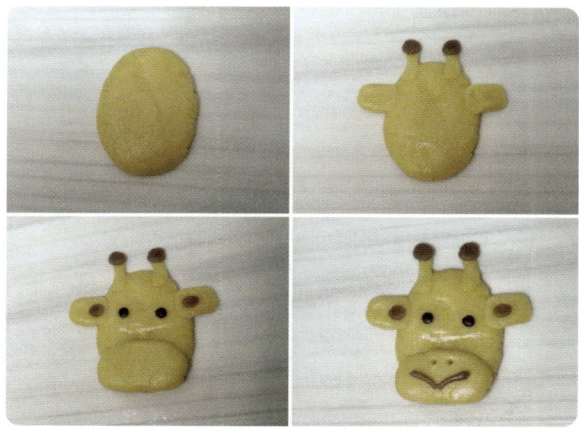

악어 쿠키 만들기

1. 아랫부분이 뾰족한 타원형 얼굴을 만들어 주세요.
2. 작은 동그라미 2개를 얼굴 위쪽에 붙여 눈을 만들고 흰색과 검은색 반죽으로 눈동자를 만들어 주세요.
3. 더 작은 동그라미 2개를 얼굴 아래쪽에 나란히 붙이고 이쑤시개로 콧구멍을 만들어 주세요.

○ 대우 쿠키 만들기

1. 길쭉한 역삼각형 얼굴을 만들어 주세요.
2. 작은 세모 2개로 귀를 만들고 짙은 색 반죽으로 작은 동그라미 코를 만들어 붙여 주세요.
3. 짙은 색 반죽으로 더 작은 세모를 만들어 귀 안에 붙여 주세요.
4. 가늘고 길게 만든 검은색 반죽으로 눈을 만들어 붙여 주세요.

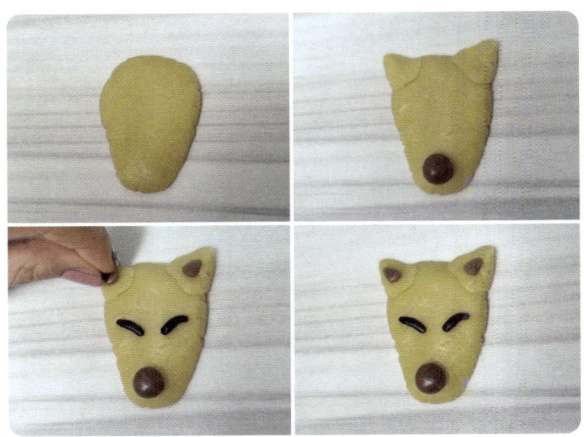

만들기 놀이 TIP

완성한 동물 쿠키는 유산지 위에 올리고 오븐 또는 에어프라이어에 굽습니다. 굽는 온도와 시간은 쿠키 반죽 포장지의 안내를 참고하세요. 완성된 쿠키는 뜨거우니 조심해서 다루고, 제빵용 식힘 망이나 체에 올려 식혀 주세요.

STEP 3 다양한 육지 동물을 주제로 한 그림책 더 읽어 보기

참 이상한 하루

브레인트리 교육연구소 글,
서영아 그림,
현북스 | 2015

동물이 좋아

조미자 글·그림,
미래아이(미래M&B) |
2010

우리 집은 동물원에 있어요

실비아 반덴 히데 글,
피터르 하우데사보스 그림,
문주선 옮김,
해와나무 | 2020

동물 친구들과 함께라면 문제없어!

로레인 프렌시스 글,
피터르 하우데사보스 그림,
문주선 옮김,
해와나무 | 2020

동물원 키 재는 날

케이타로 글,
다카바타케 준 그림,
김숙 옮김,
북뱅크 | 2016

동물원 몸무게 재는 날

케이타로 글,
다카바타케 준 그림,
김숙 옮김,
북뱅크 | 2016

펭귄 호텔

우시쿠보 료타 글·그림,
고향옥 옮김,
주니어RHK | 2018

판다 빵집

우시쿠보 료타 글·그림,
황진희 옮김,
주니어RHK | 2021

15동물 표류기

크리스 반 두센 글·그림,
김은아 옮김,
박윤주 감수,
아트앤아트피플 | 2020

채소밭 차차차

야기 다미코 글·그림,
김소연 옮김,
천개의바람 | 2020

21. 《곤충들의 운동회》, 《곤충들의 축제》 읽고 휴지 심으로 곤충 만들기

창작 그림책을 열심히 즐기던 아이는 자라면서 자연에도 많은 관심을 갖게 됩니다. 놀이터에만 나가도 꽃과 나비를 보며 좋아하고, 바닥에 기어 다니는 개미를 시간 가는 줄 모르고 한참을 집중해서 바라봅니다. 아이에게 자연 과학 지식을 알려 줄 때가 된 것이지요. 여러 곤충 사진이 실린 자연 관찰 도서는 생생해서 좋지만, 근접 사진을 볼 때 아이들의 호불호가 갈릴 수 있는데요. 창작 그림책 속 곤충들은 귀엽게 표현되어 있기에 친근하게 읽을 수 있답니다. 먼저 창작 그림책으로 곤충들을 접하게 한 뒤 자연 관찰 그림책으로 확장해 보세요. 아이가 '자연'이라는 주제를 거부감 없이 받아들일 수 있을 거예요.

꿈책맘 추천 그림책과 공감 포인트

곤충들의 운동회
도쿠다 유키히사 글,
구스미 다쿠야 그림,
김숙 옮김,
북뱅크 | 2003

곤충들의 축제
도쿠다 유키히사 글,
구스미 다쿠야 그림,
송지현 옮김,
북뱅크 | 2018

이 그림책은요 곤충을 의인화해서 친근하게 표현한 그림책이에요. 곤충들도 사람처럼 운동회와 축제를 연다는 설정이 기발하지 않나요? 곤충이 귀여운 만화 캐릭터 같은 모습으로 등장하기에 곤충을 좋아하지 않는 아이도 관심을 갖고 봅니다.

운동회와 축제에서 여러 곤충이 자신의 장점을 뽐내는데요. 축제에서 공벌레는 볼링공, 자벌레는 볼링 핀이 되어 재미있는 경기를 펼치고요. 운동회에서는 쇠똥구리가 열심히 쇠똥 굴리기를 합니다. 곤충들의 신나는 이벤트를 보면서 곤충과 친해지는 시간을 가져 보세요.

STEP 1 꿈책맘 이야기 놀이

📖 몸이 아주 작아져서 곤충들의 운동회에 갈 수 있다면 어떤 경기를 해 보고 싶은지 이야기해 보세요.

 나비오- 함께 무용을 하고, 모두 함께 참여하는 줄다리기도 해 보고 싶어요.

📖 곤충들의 축제에 간다면 어떤 경기와 행사에 참여하고 싶은지 이야기해 보세요.

 거미줄 트램펄린을 신나게 타고, 거미굴 미로를 통과할 거예요.

STEP 2 꿈책맘 만들기 놀이

휴지 심으로 다양한 곤충을 만들며 곤충의 특징을 익혀 보세요.
우아는 곤충에 날개와 더듬이가 있다는 정도만 알아도 성공이에요.

● **준비물**
- ☐ 휴지 심
- ☐ 색지
- ☐ 색종이
- ☐ 투명 테이프
- ☐ 풀
- ☐ 가위
- ☐ 연필
- ☐ 자
- ☐ 사인펜
- ☐ 모루 또는 빵끈
- ☐ 동그라미 스티커, 인형 눈 또는 눈 모양 스티커

○ **나비 만들기**

> **TIP**
> · A4 용지 크기의 색지를 4등분하면 휴지 심에 딱 맞아요.
> · 종이의 시작 부분과 끝부분에만 풀을 바르면 쉽게 붙일 수 있어요.

① 색지 또는 색종이로 휴지 심을 감싸 주세요.

 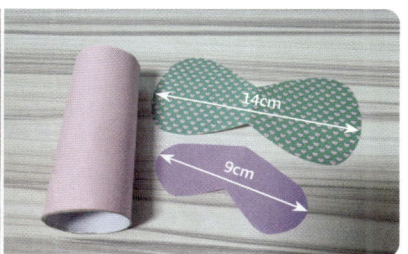

② 반으로 자른 색종이를 반으로 접어 한쪽 날개를 그린 뒤 가위로 자르면 나비 날개를 대칭으로 만들 수 있어요. 큰 날개는 전체 길이 14cm, 작은 날개는 전체 길이 9cm로 만듭니다.

③ 모루 또는 빵끈을 'V' 모양으로 접고 연필을 사용해서 끝을 동그랗게 말아 더듬이를 만듭니다.

④ 휴지 심 몸통에 날개와 더듬이, 눈을 붙이고 사인펜으로 입을 그려 주세요. 더듬이는 투명 테이프를 사용해서 휴지 심 안쪽에 붙입니다.

무당벌레 만들기

① 검은색 색지나 색종이로 휴지 심을 감싸 주세요.

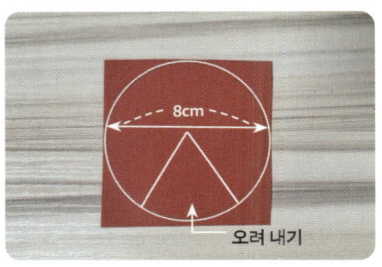

② 빨간색 색종이에 지름 8cm의 동그라미를 그리고 1/4크기의 부채꼴 모양으로 오려내 등껍질을 만듭니다.

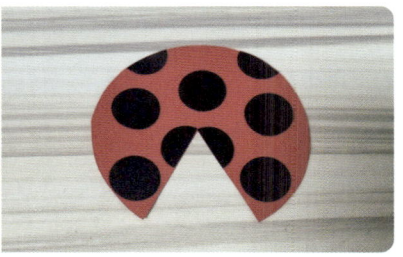

③ 등껍질에 검은색 동그라미 스티커를 붙입니다. 사인펜으로 동그라미 무늬를 그려 넣어도 좋아요.

④ 빨간색 색종이를 작은 띠 모양으로 잘라 연필로 끝을 동그랗게 말아서 더듬이를 만들어 주세요.

⑤ 휴지 심 몸통에 등껍질과 인형 눈을 붙이고 더듬이는 투명 테이프로 휴지 심 안쪽에 붙여 주세요.

○ 꿀벌
  만들기

① 노란색 색지나 색종이로 휴지 심을 감싼 다음 검은색 색종이 띠 3개를 몸통에 감싸서 줄 무늬를 만들어 주세요.

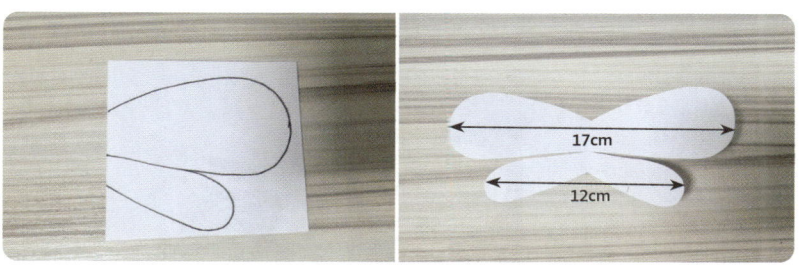

② 흰색 종이를 반으로 접어 날개 두 쌍을 그린 뒤 오립니다. 큰 날개는 전체 길이 17cm, 작은 날개는 전체 길이 12cm로 만들었어요.

③ 모루 또는 빵끈을 'V' 모양으로 접고 연필로 끝을 동그랗게 말아서 더듬이를 만들어 주세요.

④ 휴지 심 몸통에 날개와 더듬이, 인형 눈을 붙이고 사인펜으로 입을 그려 주세요. 더듬이는 투명 테이프로 휴지 심 안쪽에 붙입니다.

STEP 3 곤충을 주제로 한 그림책 더 읽어 보기

곤충을 의인화한 창작 그림책

나를 찾아 줘!

오라 파커 글·그림,
김선영 옮김,
푸른숲주니어 | 2017

똥방패

이정록 글,
강경수 그림,
창비 | 2015

매미 씨, 드디어 오늘 밤입니다

구도 노리코 글·그림,
유지은 옮김,
천개의바람 | 2022

위대한 아파투라일리아

지은 글·그림,
글로연 | 2019

이 집이 좋을까, 저 집이 좋을까?

다비드 칼리 글,
가르크 부태방 그림,
홍경기 옮김,
현북스 | 2012

홀라홀라 추추추

카슨 엘리스 글·그림,
김지은 옮김,
웅진주니어 | 2017

곤충만세

이상교 글,
이혜리 그림,
미세기 | 2011

난 방귀벌레, 난 좀벌레

유희윤 시,
노인경 그림,
문학과지성사 | 2013

미로탐험 : 거대한 곤충 나라

겐타로 카가와 글·그림,
이은선 옮김,
오노 히로츠구 감수,
문공사 | 2010

무슨 일이야? 곤충!

오무라 도모코 글·그림,
고향옥 옮김,
길벗어린이 | 2022

두근두근 곤충 유치원

샘 로이드 글·그림,
장미란 옮김,
토토북 | 2022

● 창작 그림책 같은 곤충 생태 그림책

알아맞혀 봐! 곤충 가면 놀이

안은영 글·그림,
천개의바람 | 2018

곤충 기차를 타요

바람하늘지기 기획,
노정임 글, 안경자 그림,
웃는돌고래 | 2015

꼼짝 마 호진아, 나 애벌레야!

안은영 글·그림,
웅진주니어 | 2011

꼼짝 마 호진아, 곤충 사냥꾼이다!

안은영 글·그림,
웅진주니어 | 2012

머릿니
엘리즈 그라벨 글·그림,
권지현 옮김,
정종철 감수,
씨드북 | 2016

거미

엘리즈 그라벨 글·그림,
권지현 옮김,
정종철 감수,
씨드북 | 2016

파리

엘리즈 그라벨 글·그림,
권지현 옮김,
정종철 감수,
씨드북 | 2016

지렁이

엘리즈 그라벨 글·그림,
권지현 옮김,
정종철 감수,
씨드북 | 2016

땅속에도 풀숲에도 곤충은 어디에나 있어!

마쓰오카 다스히데 글·그림,
이지현 옮김,
최세웅 감수,
키즈엠 | 2013

청개구리 여행사

마쓰오카 다스히데 글·그림,
이영미 옮김,
비룡소 | 2008

산으로 들로 초록 연못 구출 대작전

마쓰오카 다스히데 글·그림,
고향옥 옮김,
천개의바람 | 2022

산으로 들로 한밤의 청개구리 음악회

마쓰오카 다스히데 글·그림,
고향옥 옮김,
천개의바람 | 2022

22. 《쿵쿵》 읽고 편지 봉투로 공룡 손 인형 만들기

아이를 키우다 보면 아이가 공룡에 푹 빠지는 시기가 한 번씩 찾아오는데요. 제 딸아이도 그런 시기가 있었습니다. 길고 어려운 공룡 이름을 줄줄 외우는 다니아까지는 아니었지만, 그림책을 보며 웬만한 공룡 이름들은 다 익혔지요. 엄마도 못 외우는 어려운 공룡 이름을 척척 말하는 것을 보면 참 신기하고 기특하기까지 한데요. 관심 있는 것에 대한 덕질이 얼마나 큰 힘을 발휘하는지 느껴지는 순간이었습니다. 지금은 볼 수 없는 동물이기에 신비한 존재인 공룡! 그렇기에 상상할 거리가 더 다양하고 그림책과 놀이 소재로도 매력적입니다.

책맘 추천 그림책과 꼭감 포인트

쿵쿵
경혜원 글·그림,
시공주니어 | 2020

이 그림책은요
공룡을 좋아하는 남매, 민준이와 윤아가 주인공으로 등장합니다. 윤아는 장롱 안에서 들려오는 정체불명의 '쿵쿵' 소리가 궁금했어요. 무서운 마음에 혼자 열지는 못하고 오빠 민준이를 설득해서 함께 장롱 문을 엽니다. 문을 열자 장롱 안에 숨어 있던 공룡들이 한꺼번에 우르르 뛰쳐나오는데요. 공룡을 좋아하는 남매는 공룡들과 함께 놀 수 있어 신이 났지만 포악하고 무서운 티렉스가 등장하면서 위기에 빠집니다. 모두 함께 힘을 모아 티렉스를 제압하는 듯싶었는데 더 크고 무서운 공룡이 등장해요. 마지막에 등장한 제일 크고 무서운 공룡의 정체는 무엇일까요?

공룡을 소재로 현실과 상상 세계를 오가는 모습이 재미있고요. 가족의 사랑도 느낄 수 있는 따뜻한 그림책이에요.

꿈책맘 이야기 놀이

📖 저는 어렸을 때 이불장에 들어가서 느끼는 것을 참 좋아했어요. 나만의 공간이 생긴 것 같아 신이 났지요. 옷장은 여러 매체에서 주인공을 신비한 공간으로 연결해 주는 '상상의 문' 역할을 합니다. 옷장을 열었을 때 어떤 동물이 등장하면 재미있을지 이야기 나누어 보세요.

📖 만약 공룡을 만난다면 어떤 공룡을 만나 무슨 놀이를 하고 싶은지 이야기해 보세요.

👧 공룡과 숨바꼭질을 하면 어떤 일이 일어날까? 커다란 공룡이 숨을 곳이 있을까?

👧 익룡을 타고 하늘을 날면 어떤 기분일까?

📖 《쿵쿵》은 《특별한 친구들》, 《엘리베이터》에 이은 공룡 3부작 그림책 중 한 권이에요. 경혜원 작가의 공룡 3부작을 함께 읽어 보세요.

특별한 친구들
경혜원 글·그림,
시공주니어 | 2014

엘리베이터
경혜원 글·그림,
시공주니어 | 2016

STEP 2 꿈책맘 만들기 놀이

편지 봉투로 손에 끼워서 놀 수 있는 공룡 손 인형을 만들어 아이와 역할 놀이를 해 보세요.

○ **준비물**
- ☐ 황색 편지 봉투
- ☐ 흰색 종이
- ☐ 양면 색종이
- ☐ 가위, 핑킹가위
- ☐ 풀
- ☐ 자
- ☐ 연필
- ☐ 인형 눈 또는 눈 모양 스티커

○ **놀이 시작**

① 황색 봉투 윗부분에 이등변 삼각형을 그린 후 ㄱ 위로 오려 내 공룡 입을 만들어 주세요.

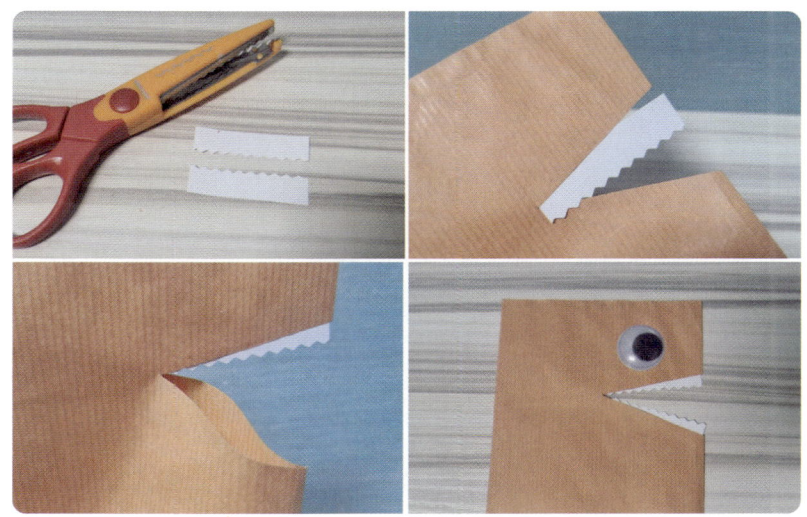

② 5cm×3cm 크기의 흰색 종이를 핑킹 가위를 사용해서 가로로 자른 뒤 뾰족뾰족한 부분이 바깥으로 오도록 공룡 입에 풀칠하여 붙여 주세요. 그다음 공룡의 눈도 붙입니다.

TIP 이빨 모양으로 자른 종이는 봉투의 틈 사이에 끼워 붙이면 더 깔끔합니다.

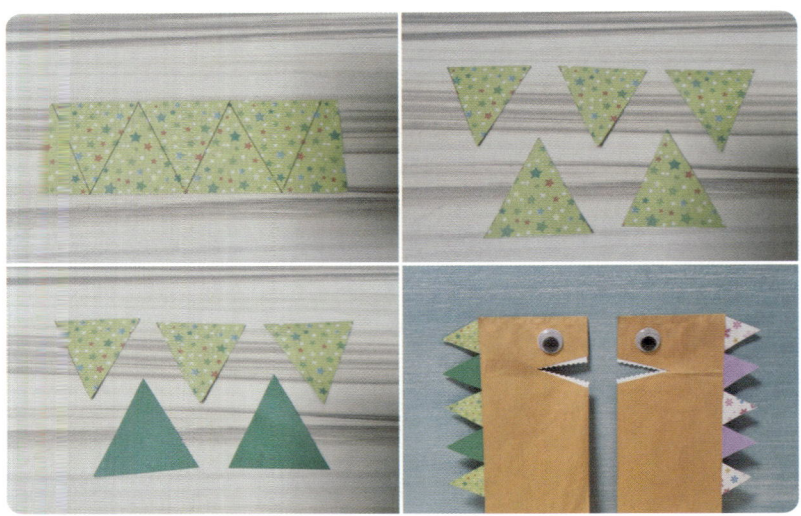

3. 2cm×4cm 크기의 양면 색종이에 지그재그 모양으로 이등변 삼각형을 그리고 가위로 오린 다음 공룡 등에 붙여 장식해 주세요. 삼각형 2개는 뒤집어서 사용했어요.

완성한 손 인형을 손에 끼우고 역할 놀이를 해 보세요.

STEP 3 공룡을 주제로 한 그림책 더 읽어 보기

다양한 공룡이 등장하는 그림책들

한 입만

경혜원 글·그림,
한림출판사 | 2017

내가 더 커!

경혜원 글·그림,
한림출판사 | 2018

알 속으로 돌아가!

경혜원 글·그림,
한림출판사 | 2020

멋진 공룡이 될 거야!

남윤잎 글·그림,
웅진주니어 | 2021

아파트 공룡

이현희 글·그림,
보리 | 2020

공룡을 지워라

빌 톰슨 글·그림,
어린이아현 | 2011

다른 공룡이 되고 싶어?!

박진영 글, 최유식 그림,
현암주니어 | 2021

공룡 택배 회사

이혜란 글, 강은옥 그림,
해와나무 | 2022

공룡아 다 모여!

석철원 글·그림,
여유당 | 2021

공룡 책 먹는 도깨비 얌얌이

엠마 야렛 글·그림,
이순영 옮김,
북극곰 | 2021

공룡 사진첩

기도 반 게네흐텐 글·그림,
이경혜 옮김,
풀과바람 | 2013

공룡과 친구가 된 이야기가 담긴 그림책

우당탕! 공룡 버스

줄리아 리우 글,
베기 린 그림,
강형복 옮김,
키즈엠 | 2013

공룡 책 버스

류쓰위안 글,
린샤오베이 그림,
김진아 옮김,
크레용하우스 | 2021

무지막지하게 큰 공룡 밥

윌리엄 조이스 글·그림,
노은정 옮김,
비룡소 | 2016

농부의 하루
《공룡 농장》개정판

프란 프레스톤
개논 글·그림,
임은경 옮김,
걸음동무 | 2019

공룡을 좋아하는 아이의 이야기가 담긴 그림책

공룡 목욕탕

피터 시스 그림,
시공주니어 | 2010

내가 공룡이었을 때

마츠오카
다쯔히데 글·그림,
김소연 옮김,
천개의바람 | 2013

공룡 입양하기

호세 카를로스 안드레스 글,
아나 산펠리포 그림,
유 아가다 옮김,
책놀이쥬 | 2019

난 공룡을 갖고 싶어

하윈 오람 글,
사토시 키타무라 그림,
정영목 옮김,
예림당 | 2006

딩동! 아기 공룡이 우리 집에 온다면?
제이슨
크크로프트 글·그림,
민유리 옮김,
사파리 | 2022

공룡이 공짜!

엘리스 브로우치 글,
데이비드 스몰 그림,
정선화 옮김,
주니어김영사 | 2010

이건 운명이야!

밤코 글·그림,
위즈덤하우스 | 2021

공룡이 되고 싶어

조은혜 글, 진경 그림,
고래뱃속 | 2022

 # 꿈책맘의 그림책 큐레이션

🍎 다양한 동물이 등장하는 그림책

정글 버스

김소리 글·그림,
웅진주니어 | 2022

장화 신는 날

이승범 글·그림,
북극곰 | 2021

하나, 둘, 셋 학교 가자!

마리안느 뒤비크 글·그림,
임나무 옮김,
고래뱃속 | 2020년

자코의 정원

마리안느 뒤비크 글·그림,
임나무 옮김,
고래뱃속 | 2019

고양이야 다 모여!

석철원 글·그림,
여유당 | 2019년

강아지야 다 모여!

석철원 글·그림,
여유당 | 2019년

어이, 친구!

애덤 렉스 글·그림,
한별 옮김,
현북스 | 2013년

같이 삽시다 쫌!

하수정 글·그림,
길벗어린이 | 2022년

잉어 복덕방

정하섭 글, 신성희 그림,
우주나무 | 2019년

비밀이야

박현주 글·그림,
이야기꽃 | 2016

숲속 동물들의 봄맞이 운동회

스토우 아사에 글,
이토우 치사 그림,
김수정 옮김,
키위북스 | 2019년

도시 영웅 돼지코 수사대

천즈위안 글·그림,
박지민 옮김,
리틀브레인 | 2021

나의 몸에 대해 아는 것은 건강한 생활을 하기 위해 매우 중요해요.
건강해야 더 즐겁게 뛰어놀 수 있고,
내가 하고 싶은 일도 할 수 있어요.
그림책을 읽으며 아이들에게 건강의 중요성을 알려 주세요.

PART 07

인체와 건강

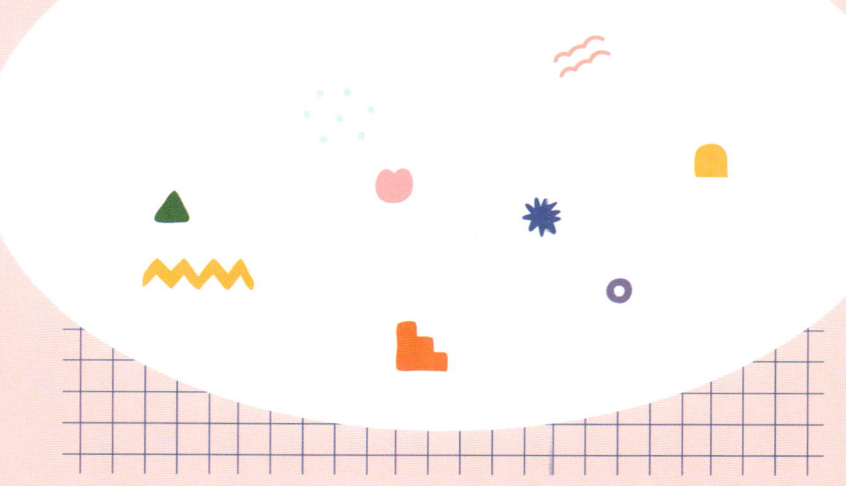

23. 《엉덩이 심판》 읽고 응가 미로 만들기

응가와 방귀는 아이들이 정말 사랑하는 소재입니다. 응가와 방귀의 구린 냄새는 싫어하면서 그림책으로 보는 것은 왜 그리 좋아하는 걸까요? 똥이 등장하는 그림책은 유쾌하고 폭소를 이끌어 내기 때문인 것 같아요. 도대체 아이들은 응가와 방귀를 언제까지 좋아하냐고 물으신다면, 응가와 방귀 이야기가 유치하다고 말하는 사춘기가 올 때쯤일 거라고 말씀드려요. 초등학생이 되면 단순한 재미를 넘어서서 인체 과학 그림책과 자연 과학 그림책으로 연계하여 볼 수도 있답니다.

글책맘 추천 그림책과 공감 포인트

엉덩이 심판
김지연 글, 간장 그림,
보랏빛소어린이 | 2019

이 그림책은요

똥과 방귀의 한판 대결을 그린 그림책으로 똥과 방귀, 엉덩이까지 아이들의 취향을 저격하는 소재가 모두 등장합니다. 엉덩이는 팝콘을 먹다가 갑자기 응가가 마려워서 화장실로 가고 뿌지직! 뿌으웅! 경쾌한 소리를 내며 응가를 해요. 화장실에서 처음 만난 응가와 방귀는 서로가 마음에 안 든다며 다투기 시작합니다. 둘은 서로 잘난 체를 하다가 누가 더 우월한지 겨루기로 하고 엉덩이가 심판을 보기로 했어요. 우리가 건강하게 생활하기 위해서는 똥과 방귀 둘 다 원활히 배출되어야 하기에 처음부터 의미가 없는 대결이지만, 둘의 대결을 통해 똥과 방귀가 어떤 역할을 하는지 유쾌하게 알려 주어서 재미있어요.

꿈책맘 이야기 놀이

📖 응가할 때와 방귀 뀔 때 나는 소리를 다양한 의성어로 표현해 보세요.

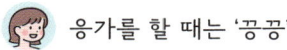 응가를 할 때는 '끙끙'

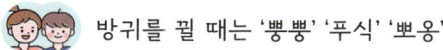 방귀를 뀔 때는 '뿡뿡' '푸식' '뽀옹'

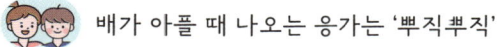 배가 아플 때 나오는 응가는 '뿌직뿌직'

📖 책에서 응가와 방귀는 서로의 잘난 점을 자랑하기 바쁜데요. 둘의 비슷한 점과 다른 점을 이야기해 보세요.

응가와 방귀 모두 냄새가 나요.

응가는 볼 수 있지만 방귀는 눈에 보이지 않아요.

꿈책맘 만들기 놀이

- 손을 따라 움직이며 화장실을 찾아가는 응가 미로를 만들어 보세요.
- 자석으로 조작하는 형식이라 아이들이 무척 재밌어한답니다.

준비물
- ☐ 클레이 또는 찰흙
- ☐ 종이 상자
- ☐ 흰색 종이
- ☐ 색종이
- ☐ 납작한 원형 자석, 손잡이가 있는 체스형 자석
- ☐ 투명 테이프
- ☐ 인형 눈
- ☐ 풀
- ☐ 가위
- ☐ 칼
- ☐ 사인펜

준비물 준비 TIP

상자가 두껍거나 자석의 자력이 약하면 잘 움직이지 않으니 자석을 준비할 때 유의해 주세요.

○ **놀이 시작**

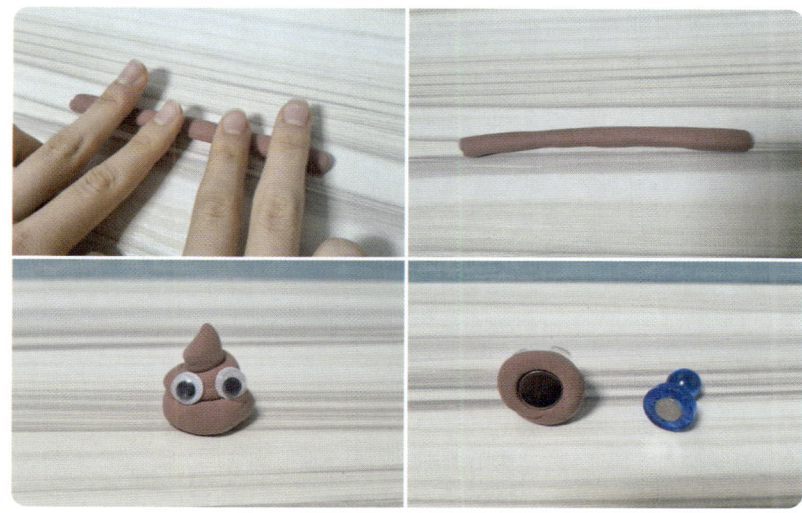

① 클레이 또는 찰흙을 가늘고 길게 만든 후에 동그랗게 말아 올려 응가 모양을 만들고 적당한 위치에 인형 눈을 붙여 주세요. 응가의 바닥에는 납작한 원형 자석을 붙여 주세요.

TIP 자석을 붙일 때는 손잡이 자석과 다른 극이 맞는지 반드시 확인해 주세요.

② 색종이를 대각선으로 살짝 어긋나게 접어 주세요. 대각선으로 접은 색종이를 대여섯 번 위로 접어 막대를 만들고 풀리지 않도록 풀을 붙여 마무리합니다.

TIP · 색종이를 어긋나게 접으면 띠로 만들었을 때 사선 줄무늬가 생겨서 더 예뻐요.
· 색종이 막대는 상자 크기와 미로의 모양을 고려해서 필요한 만큼 만들어 주세요.

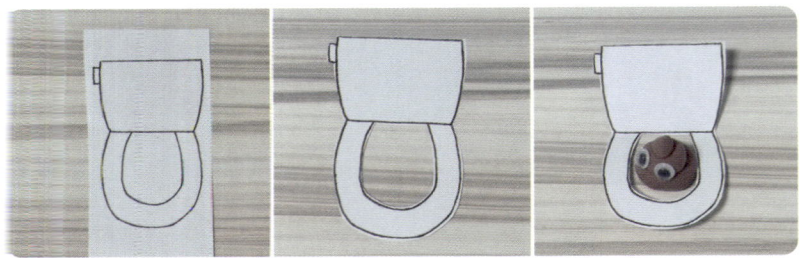

🔹 흰색 종이에 ①에서 만든 응가가 쏙 들어갈 만한 크기의 변기를 그리고 테두리를 따라 가위로 오린 다음 변기 안쪽에 구멍을 뚫어 주세요.

🔹 응가가 잘 통과하도록 미로의 폭을 정하고 색종이 막대를 붙여 주세요. 색종이 막대의 한쪽 끝을 접어서 상자 옆면에 투명 테이프나 풀로 고정합니다. 반대편 끝도 투명 테이프로 상자 바닥에 고정해 주세요.

🔹 미로의 끝에 구멍을 뚫고 그 구멍에 맞춰 변기 그림을 붙입니다.

⑥ 응가는 상자 안에, 손잡이가 있는 자석은 상자 아래에 둡니다. 상자 아래에 있는 자석을 움직이면 응가가 자석을 따라 움직여요. 응가가 미로를 통과해서 변기 속으로 들어가도록 자석을 조작해 보세요.

만들기 놀이 TIP

- 자석을 조작하며 미로를 통과할 때 동요 〈거미가 줄을 타고 올라갑니다〉를 개사해서 부르면 더 재미있어요.

🎵 응가가 미로를 통과합니다.
 '뿌직뿌직' 지나갑니다.
 화장실에 도착하–면
 응가가 변기에 들어갑니다.
 (화장실 물 내리는 소리) 쏴–!!

- '뿌직뿌직' 이외에 응가가 내는 소리를 다양한 의성어로 바꿔 보세요.

STEP 3 응가와 방귀를 주제로 한 그림책 더 읽어 보기

응가를 소재로 한 그림책

구리구리 똥구리

김보람 글·그림,
두주나무 | 2021

엉덩이 올림픽

간장 글·그림,
보랏빛소어린이 | 2020

똥친구

노부미 글·그림,
고대영 옮김,
길벗어린이 | 2017

굿모닝 미스터 푸

스티븐 프라이어 글·그림, 시공주니어 | 2021

똥이 되어 볼까?

호쿠베 아키히로 글,
가와시마 나나에 그림,
김경화 옮김,
계제의숲 | 2020

아이스크림 똥

김윤정 글·그림,
살림어린이 | 2013

응가 말놀이

김일경 그림,
주니어RHK | 2016

응가공주

박정희 글, 박서연 그림,
천개의바람 | 2020

똥 이야기, 안 했어요!

케이지 버드 글,
마리안느 코포 그림,
손시진 옮김,
데듀앤테크 | 2021

휴지가 돌돌돌

신복남 글·그림,
웅진주니어 | 2021

슈퍼 히어로의 똥 닦는 법

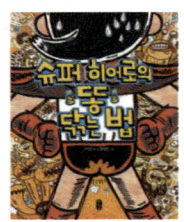

안영은 글, 최미란 그림,
책읽는곰 | 2018

화장실 로켓

핫토리 히로키 글·그림,
민점호 옮김,
베틀북 | 2019

방귀를 소재로 한 그림책

커다란 방귀

강경수 글·그림,
시공주니어 | 2014

방귀 혁명

최윤혜 글·그림,
시공주니어 | 2021

뿌악이 방구

박소곤 글·그림,
방구북스 | 2019

완벽한 타이밍

남동완 글·그림,
킨더랜드 | 2021

방귀 탐험

노경실 글, 김중석 그림,
푸른날개 | 2010

범인을 찾아라

수아현 글·그림,
재능교육 | 2022

방귀 기차 롤리

고구레 게이스케 글·그림,
김난주 옮김,
찰리북 | 2012

엉덩이 학교
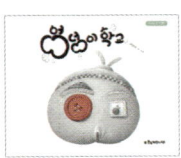
김태호 글·그림,
계수나무 | 2019

화장실과 변기를 소재로 한 그림책

화장실 요정 토일레타
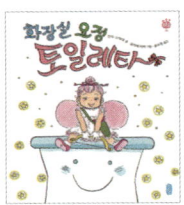
간다 스미코 글,
오카베 리카 그림,
윤수정 옮김,
책읽는곰 | 2019

어떤 화장실이 좋아?

스즈키 노리타케 글·그림,
이정민 옮김,
노란우산 | 2012

변기 아저씨

기타가와 메구미 글·그림,
안혜은 옮김,
키즈엠 | 2019

변기 아저씨가 아파요!

기타가와 메구미 글·그림,
안혜은 옮김,
키즈엠 | 2020

24. 《치카왕자》 읽고 요거트 용기로 치아 모형 만들기

젖니는 타어나 처음 나는 이로 아이가 맛있는 간식과 음식을 먹을 수 있게 도와주는 소중한 존재입니다. 젖니를 아끼고 깨끗이 관리해야 평생 사용할 영구치도 튼튼하게 나올 수 있어요. 아이에게 무조건 이를 깨끗이 닦아야 한다고 말하기보다 함께 그림책을 보며 어떻게 하면 깨끗이 양치질할 수 있는지 알아보세요. 그리고 치아 모형으로 놀이를 하며 양치질과 더욱 친숙해지는 기회도 만들어 보세요.

꿈책탐 추천 그림책과 공감 포인트

치카왕자
박정희 글, 박세연 그림,
천개의바람 | 2021

 그림책은요

양치질하기 싫어하는 주인공 치카왕자를 통해 올바른 양치 습관을 알려 주는 그림책이에요. 치카나라에 아침이 밝자 치카왕자는 가족과 함께 맛있는 아침 식사를 뚝딱 해치웠어요. 그리고 궁전에서는 양치 시간을 알리는 나팔이 울립니다. 치카나라 사람들은 일제히 이를 닦기 시작해요. 딱 한 사람, 치카왕자만 빼고요. 치카왕자는 조금 전에 맛있게 먹은 불고기와 생선의 맛을 간직하겠다며 이를 닦지 않고 버텼어요. 치카를 거부하고 놀러 나간 왕자가 꽃과 동물들에게 인사를 건네자 입에서 뿜어져 나오는 강력한 음식 냄새가 바람을 타고 퍼져 나가기 시작합니다. 구리구리한 냄새를 맡은 식물과 곤충들은 경악을 금치 못해요. 치카왕자가 충치왕자가 되지 않도록 성대한 치카푸카 파티가 열리는데요. 모두 모여 신나게 양치를 하는 모습이 유쾌하게 펼쳐집니다. 이를 닦지 않았을 때 벌어지는 일을 유머러스한 디테일로 보여 주면서 양치질의 중요성을 알려 줍니다.

꿈책맘 이야기 놀이

📖 치카푸카 파티에 참석한다면 어떤 것을 준비해야 할지 이야기 나누어 보세요.

👧 어떤 칫솔과 어떤 맛 치약을 가져가고 싶어? 양치 컵은 어떤 것이 좋을까?

👫 저는 엄마가 사 주신 포도맛 치약과 제가 좋아하는 캐릭터 양치 컵을 가져갈 거예요.

📖 그림책에 나오는 것처럼 재미있는 양치 구호를 만들어 보세요.

👧 치카치카 얍얍, 푸카푸카 얍얍, 우그르르 얍얍, 가그르르 얍얍

STEP 2 꿈책맘 만들기 놀이

이와 함께 입으로 씹는 것처럼 접었다 폈다 할 수 있는 치아 모형을 만들며 치아 건강에 대해 알아보아요. 그림책에서 나온 양치 구호를 곁들여도 재미있어요.

- **준비물**
  - ☐ 떠먹는 요거트 용기 14개
  - ☐ 노란색 클레이
  - ☐ 못 쓰는 칫솔
  - ☐ 핑크색 도화지
  - ☐ 빨간색 색종이
  - ☐ 투명 테이프 또는 글루건
  - ☐ 자
  - ☐ 연필
  - ☐ 유성 사인펜
  - ☐ 가위

○ **놀이 시작**

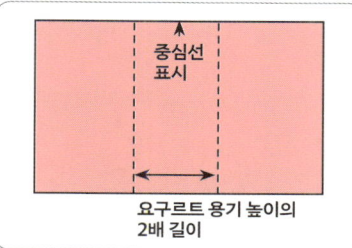

① A3 크기 색 도화지의 중심선을 기준으로 요구트 용기 높이의 2배 길이 폭으로 점선을 그려 줍니다.

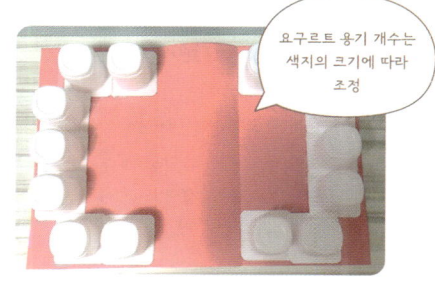

② 점선대로 도화지를 접었다 편 다음 왼쪽과 오른쪽 칸에 투명 테이프로 요거트 용기를 7개씩 붙여 주세요.

요구르트 용기 개수는 색지의 크기에 따라 조정

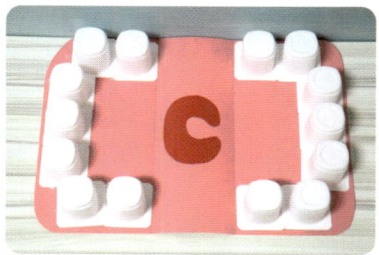

③ 가위로 색지의 네 모서리를 둥글게 다듬고 빨간색 색종이로 목젖 모양을 그려서 오린 뒤 도화지 중앙에 붙입니다.

④ 칫솔모 뒤에 인형 눈을 붙이고, 유성 사인펜으로 입을 그려 주세요. 부직포나 색종이를 망토처럼 둘러 붙이면 칫솔맨이 완성됩니다.

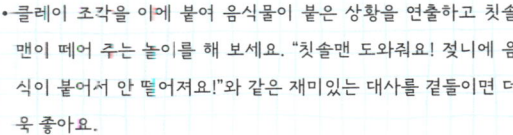

- 클레이 조각을 이에 붙여 음식물이 붙은 상황을 연출하고 칫솔맨이 떼어 주는 놀이를 해 보세요. "칫솔맨 도와줘요! 젖니에 음식이 붙어서 안 떨어져요!"와 같은 재미있는 대사를 곁들이면 더욱 좋아요.

- 음식 그림 카드를 치아 모형에 넣어 씹는 모습을 연출하고 이야기를 나누어 보세요.

 치아는 어떤 음식을 좋아할까?

 신선한 과일과 채소, 우유를 좋아해요.

 치아는 어떤 음식을 싫어할까?

 사탕과 초콜릿을 많이 먹으면 싫어해요.

 사탕과 초콜릿 같은 간식을 먹은 후에는 어떻게 해야 할까?

 깨끗이 양치를 해야 해요.

꿈책맘 블로그에서 음식 그림 카드를 다운로드할 수 있어요. 첨부 파일을 출력해서 사용하세요.

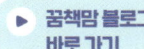

STEP 3 치아를 주제로 한 그림책 더 읽어 보기

● 양치 습관에 대한 그림책

양치를 잘할 거야 / 양치를 안 할 거야

김형규 글, 조승연 그림,
주니어김영사 | 2020

충치 요괴

김명희 글, 간장 그림,
보랏빛소어린이 | 2020

엉뚱한 치약

미야니시 타츠야 글·그림,
송소영 옮김,
달리 | 2017

와그르르 와그르르

네지메 쇼이치 글,
고마쓰 신야 그림,
고향옥 옮김,
달리 | 2019

치과 가는 길

남섬 글·그림,
향 | 2020

드라랄라 치과

윤담요 글·그림,
보림 | 2021

치카치카 군단과 충치 왕국

이소을 글·그림,
상상박스 | 2011

칫솔 열차 나가신다! 치카 치카

쿠보 마치코 글·그림,
엄혜숙 옮김,
현암주니어 | 2016

● 젖니와 영구치를 소재로 한 그림책

젖니 요정

민치 글·그림,
고향옥 옮김,
달리 | 2020

내 이가 최고야!

김주이 글·그림,
노란돼지 | 2018

이빨 요정 치요

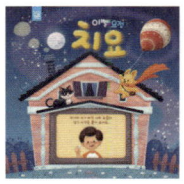

천미진 글, 미루 그림,
키즈엠 | 2018

앞니가 흔들린다

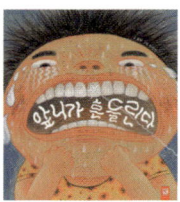

유하 글, 한상언 그림,
키즈엠 | 2014

25. 《공포의 새우눈》 읽고 종이접기로 깜빡이는 눈 만들기

스마트폰이나 태블릿 등 전자기기의 활용이 일상화되었습니다. 매일 전자기기를 사용하는 아이들의 눈 건강이 매우 염려됩니다. 아이가 어릴 때는 타이머를 맞추고 약속한 시간만큼만 사용하게 하지만 커 갈수록 스스로 자제력을 기르는 것이 중요해요. 어른들도 손에서 놓지 못하는 스마트폰이기에 아이들의 욕구를 무조건 탓할 수는 없습니다. 눈 건강을 소재로 한 그림책을 함께 읽으며 슬기로운 스마트폰 사용법에 대해서도 생각해 보세요.

꿈책탐 추천 그림책과 공감 포인트

공포의 새우눈
미우 글·그림,
다림 | 2020

이 그림책은요

눈 건강의 소중함을 일깨워 주는 귀여운 공포 그림책이에요. 가늘고 기다란 '새우눈'을 가진 시우는 자신의 눈 모양이 마음에 들지 않았어요. 할머니 댁에 간 시우는 새우눈 말고 다른 눈이 갖고 싶다며 할머니께 떼를 씁니다. 할머니가 저녁을 준비하는 사이, 급히 등가를 누기 위해 간 재래식 화장실에서 사건이 발생하는데요. 시우의 불평을 들은 화장실 귀신이 "왕눈이눈을 줄까? 반짝이눈을 줄까?" 하고 묻는 거예요. 시우는 왕눈이눈을 선택했고 커다란 눈으로 열심히 텔레비전을 봅니다. 그런데 눈이 따끔거리고 빨갛게 변했지 뭐예요. 시우는 열심히 텔레비전을 본 생각은 하지 않고 귀신에게 불량눈을 주었다고 따지기 위해 화장실로 갑니다. 귀신이 다시 새로운 눈을 주었는데도 시우는 계속해서 눈 건강에 좋지 않은 행동을 하는데요. 아무리 멋진 눈을 가져도 아끼지 않으면 무용지물이지요. 과연 시우는 눈 건강을 지키고 멋진 눈도 얻을 수 있을까요? 멋진 눈을 찾는 시우의 모습을 통해 정말 멋진 눈은 건강한 눈이라는 것을 일깨워 주고 눈을 건강하게 하는 습관을 알려 줍니다.

STEP 1 꿈책맘 이야기 놀이

📖 시력이 나빠지면 어떤 점이 불편한지 이야기해 보세요.

👧 앞이 잘 보이지 않으면 얼굴을 찡그리게 되고 안경을 쓰면 친구들과 뛰어놀 때 불편할 수 있어. 그러니 시력이 나빠지지 않게 눈을 소중히 여기자.

📖 어떻게 하면 눈 건강을 지킬 수 있을지 이야기 나누어 보세요.

👧 스마트폰을 본 후에는 눈을 감고 잠시 쉬는 시간을 갖자. 그리고 텔레비전은 되도록 멀리서 보자. 책은 어두운 곳에서 읽지 않고 밝은 곳에서 읽어야 눈이 좋아한대.

📖 아이와 충분히 이야기를 나누고 스마트폰 사용 시간을 정해 보세요. 이때 지나치게 강요하지 말고 아이의 선택을 존중해 주세요.

STEP 2 꿈책맘 만들기 놀이

간단한 종이접기로 깜빡이는 눈을 만들어 볼 거예요. 예쁜 속눈썹도 만들어 붙이면 더 실감 나는 눈이 됩니다. 깜빡이는 눈으로 놀이를 하며 눈 건강의 소중함을 생각하는 시간을 가져 보세요.

▶ **준비물**
- ☐ 흰색 종이
- ☐ 갈색, 검은색 색종이
- ☐ 흰색 동그라미 스티커
- ☐ 풀
- ☐ 가위

o **놀이 시작**

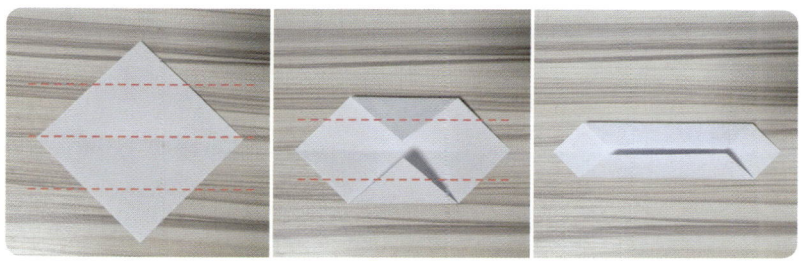

① 가로, 세로 15cm 크기의 흰색 종이를 대각선을 따라 반으로 접었다 펴서 중심선을 표시한 다음 위, 아래 모서리가 중심에서 만나도록 접고 중심선에 맞춰 다시 반으로 접어 주세요.

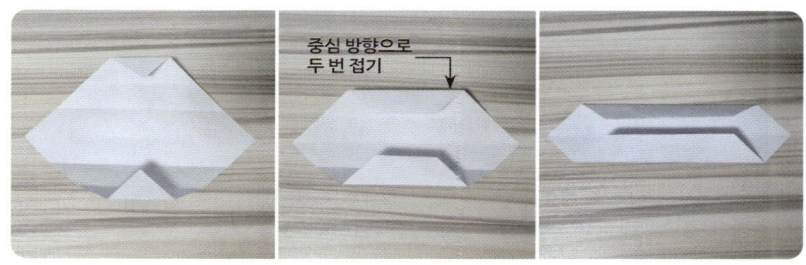

② 종이를 편 다음 위아래 모서리를 중심 방향으로 3번 접어 올립니다.

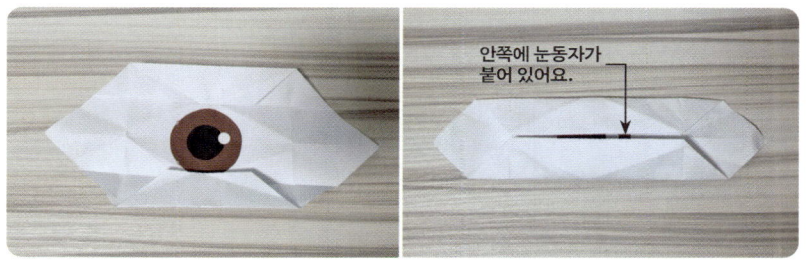

③ 중심 부분만 열어서 눈동자를 붙이고 원래대로 접어 주세요.

TIP 눈동자는 지름 4.5cm 갈색 동그라미 위에 지름 2.5cm 검은색 동그라미와 작은 흰색 동그라미 스티커를 붙여 주었어요.

④ ③의 종이를 뒤집어서 좌우 모서리가 중앙에서 만나도록 접은 후 네 모서리를 사선으로 비스듬히 접어 주세요.

⑤ 검은색 색종이를 적당한 길이로 잘라 속눈썹을 만들어서 눈 안쪽에 붙여 주세요. 자른 속눈썹은 연필로 돌돌 말아 주면 좀 더 자연스러워져요.

TIP 눈의 양 끝을 잡고 중심 방향으로 밀면 눈을 뜨고 손을 놓으면 눈을 감아요.

만들기 놀이 TIP

아이가 6~7세 정도이고 인체에 관심이 있다면 만들기를 하며 우리 눈의 구조를 살펴보고, 어두운 곳에 있을 때와 밝은 곳에 있을 때 눈동자의 크기가 어떻게 달라지는지 알아보세요. 속눈썹은 먼지와 땀이 눈에 들어가지 않도록 막아 주는 역할을 한다는 것도 알려 주세요.

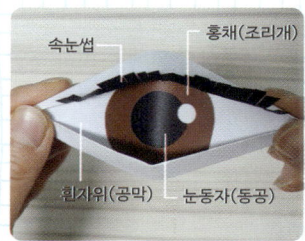

STEP 3  눈을 주제로 한 그림책 더 읽어 보기

안경이 싫어하는 깜둘빡

하미경 글·그림,
창조와지식 | 2018

진짜 안경 쓰고 싶단 말이야

로렌 차일드 글·그림,
문상수 옮김,
국민서관 | 2013

초롱초롱 눈이 건강해

강자헌 글,
김진화 그림,
웅진주니어 | 2010

깜빡 깜빡 뭐가 보여?

박주연 글,
손지희 그림,
길벗어린이 | 2017

 **꿈책맘의 그림책 큐레이션**

🎨 코딱지를 소재로 한 그림책

는야 코딱지 코지

홍정윤 글·그림,
웅진주니어 | 2022

코딱지 코지의 콧구멍 탈출 작전

허정윤 글·그림,
웅진주니어 | 2022

첫 눈을 기다리는 코딱지 코지

허정윤 글·그림,
주니어RHK | 2018

코딱지가 보낸 편지

상상인 글·그림,
길벗어린이 | 2018

고릴라 코딱지

김진완 글, 정설희 그림,
노란돼지 | 2014

머리가 좋아지는 약

히라타 아키코 글,
다카바타케 준 그림,
김숙 옮김,
북뱅크 | 2014

코딱지 공주

리주어잉 글·그림,
강상훈 옮김,
스마트베어 | 2017

코딱지 닌자

요시무라 아키코 글·그림,
고향옥 옮김,
미운오리새끼 | 2022

코딱지 마을의 손가락 침입 소동

기트지연,
국례소 글·그림,
주영 옮김,
금두스 | 2016

콧구멍을 후비는 손가락
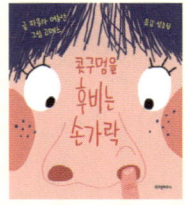
파울라 메를란 글,
고메스 그림,
성초림 옮김,
위즈덤하우스 | 2019

콧구멍 경호대

김지연 글, 간장 그림,
보랏빛소어린이 | 2022

🟠 쉬운 인체 과학 그림책

우리 몸의 물물물

이승연 글, 정문주 그림,
신광복 감수,
한솔수북 | 2011

코딱지야 고마워

허은실 글, 박정섭 그림,
윤소영 감수,
미세기 | 2011

우리 몸의 구멍

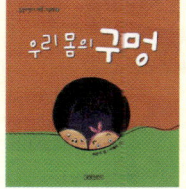

허은미 글, 이혜리 그림,
길벗어린이 | 2000

**X-RAY 필름북
들여다보는 우리 몸**

애플비북스 편집부 글,
신유진 그림,
박윤경 감수,
애플비북스 | 2021

우리 몸 털털털

김윤경 글,
한승임 그림,
윤소영 감수,
웅진주니어 | 2007

방귀 방귀 나가신다

신순재 글, 홍기한 그림,
조은화 꾸밈,
윤소영 감수,
웅진주니어 | 2008

고마워 나의 몸!

몰리 뱅 글·그림,
최순희 옮김,
웅진주니어 | 2010

나의 과학, 몸

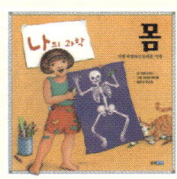

조앤 스위니 글,
아네트 케이블 그림,
윤소영 옮김,
웅진주니어 | 2011

🍎 쉬운 인체 과학 그림책 시리즈와 전집

과학은 내 친구 시리즈

한림출판사

왜 방귀가 나올까?
초 신타 글·그림,
이영준 옮김, 2000

뼈
호리우치
세이치 글·그림,
엄기원 옮김, 2001

벌거숭이 벌거숭이
야규 겐이치로 글·그림,
이영준 옮김, 2001

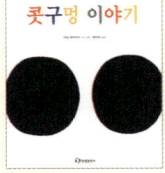
콧구멍 이야기
야규 겐이치로 글·그림,
예상열 옮김, 2002

배고파요
야규 겐이치로 글·그림,
예상열 옮김, 2002

상처딱지
야규 겐이치로 글·그림,
엄기원 옮김, 2005

몸의 구석구석이 말하기를
고미 타로 글·그림,
엄기원 옮김, 2005

으웩과 뿌지직
모우리 타데키 글,
나카노 히로타카 그림,
박숙경 옮김, 2005

젖의 비밀
야규 겐이치로 글·그림,
박숙경 옮김, 2007

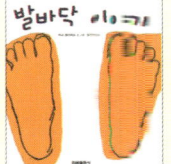
발바닥 이야기
야규 겐이치로 글·그림,
엄기원 옮김, 2007

내 이 봐봐
야규 겐이치로 글·그림,
박숙경 옮김,
한림출판사 | 2009

피 이야기
호리우치
세이치 글·그림,
김나은 옮김, 2010

털
야규 겐이치로 글·그림,
박숙경 옮김, 2010

가려워 가려워
모우리 타네키 글,
나카노 히로타카 그림,
박숙경 옮김, 2010

똑똑똑 과학 그림책 시리즈   웅진주니어

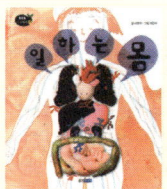    

일하는 몸
서천석 글,
이진아 그림, 2007

움직이는 몸
소재근 글,
홍선주 그림, 2007

느끼는 몸
서천석 글,
윤정주 그림, 2007

싸우는 몸
서천석 글,
양정아 그림, 2007

자라는 몸
서천석 글,
신민재 그림, 2007

네버랜드 과학 그림책 시리즈   시공주니어

으앙, 이가 아파요
나나오 준 글,
이마이 유미코 그림,
이선아 옮김, 2002

시원한 응가
나나오 준 글,
모리야 루리 그림,
이선아 옮김, 2002

내 배꼽 볼래?
나나오 준 글,
하세가와 도모코 그림,
이선아 옮김, 2002

등을 쭉!
고바야시 마사코 글,
나가노 히데코 그림,
이선아 옮김, 2002

눈물아, 고마워
고바야시 마사코 글,
이마이 유미코 그림,
이선아 옮김, 2002

몸한테 여보세요
나나오 준 글,
후쿠다 이와오 그림,
이선아 옮김, 2003

두근두근 예방주사
고바야시 마사코 글,
오카베 리카 그림,
이선아 옮김, 2003

피는 부지런해
고바야시 마사코 글,
세베 마사유키 그림,
이선아 옮김, 2003

안녕, 놀라운 나의 몸
맥밀란 편집부 글,
스파이크 제럴 그림,
패트리샤 맥네어 감수,
임정은 옮김, 2012

특유의 식감과 맛 때문에
아이들에게 사랑받지 못하는 음식들이 있는데요.
그림책을 통해 평소에 좋아하지 않던 음식과
가까워지는 기회를 만들어 보세요.

PART 08

채소와 과일, 식습관

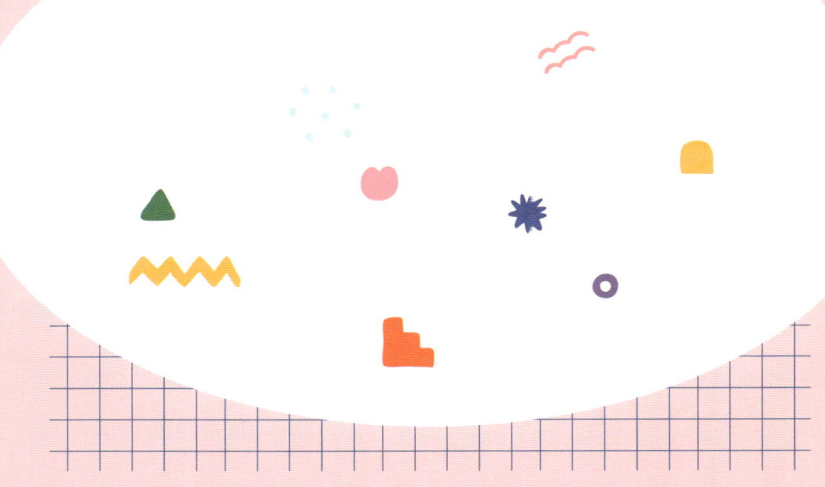

26. 《으쌰으쌰 당근》 읽고 색종이로 당근 농장 만들기

당근은 특유의 딱딱한 식감 때문인지 아이들에게 사랑받지 못하는 비운의 채소인데요. 식탁에서는 환영받지 못해도 그림책의 소재로 자주 등장합니다. 아이와 다양한 채소가 등장하는 그림책을 보며 채소와 친해지는 기회를 만들어 보세요. 그림책으로 접하더라도 먹는 것은 또 별개의 문제이니 아이가 채소 먹기를 싫어해도 다그치거나 강요는 하지 마세요. 어른도 가리는 음식이 있는데 아이들은 오죽할까 싶어요. 일단 그림책을 통해 친해지는 것만으로도 충분하다고 한발 양보하고 이해해 주세요.

꿈책맘 추천 그림책과 공감 포인트

으쌰으쌰 당근
멜리 글·그림,
책읽는곰 | 2021

이 그림책은요

같은 당근을 두고 땅 위와 아래에서 동시에 당기는 꼬마 토끼와 꼬마 두더지의 모습이 재미있는 그림책이에요. 엄마의 심부름 미션을 받은 토끼 또또와 두더지 뚜뚜는 당근 밭에서 가장 크고 실한 당근을 골랐습니다. 그런데 둘은 같은 당근을 고르고 말았어요. 또또는 땅 속의 상황을 모르고, 뚜뚜는 땅 위의 상황을 모르니 당근이 뽑히지 않는 것이 이상하기만 한데요. 또또와 뚜뚜는 각자의 친구들을 불러 함께 힘을 합쳐 당겨 보지만 소용이 없습니다. 그때 어디선가 땅을 울리는 쿵쿵 소리가 들려옵니다. 혹시 또 다른 위기 상황이 찾아온 것일까요? 또또와 뚜뚜 모두 무사히 당근을 수확하고 함께 나누는 따뜻한 결말을 확인해 보세요.

꿈책맘 이야기 놀이

📖 당근의 색깔과 촉감, 냄새를 관찰하며 이야기를 나누고 당근을 잘라 단면을 관찰해 보세요. 작게 잘라 카레나 볶음밥에 넣어도 좋아요.

👩 당근은 어떤 색이야?

👫 주황색이에요.

👩 당근을 만져 본 느낌은 어때?

👫 딱딱해요! 그래서 먹기 싫어요.

👩 그럼 당근을 작게 잘라서 카레나 볶음밥에 넣어 볼까? 당근이 익으면 딱딱하지 않거든. 크기가 작아서 씹기도 쉽고.

👫 요리는 좋아요. 그런데 한 번 먹어 보고 맛없으면 안 먹어도 돼요?

👩 그래, 일단 먹어 보는 것만도 좋아.

STEP 2 꿈책맘 만들기 놀이

색종이로 귀여운 당근을 접어서 당근 농장을 만들어 보세요. 아이가 당근과 친해지는 기회가 될 거예요.

▶ 만들기 영상 보러 가기

- **준비물**
  - ☐ 우유갑(1,000ml)
  - ☐ 포장지
  - ☐ 크라프트지(A4 사이즈)
  - ☐ 색종이(주황색, 초록색)
  - ☐ 스테이플러
  - ☐ 투명 테이프
  - ☐ 풀
  - ☐ 가위
  - ☐ 사인펜

당근 뿌리 접기

1 색종이를 대각선으로 반으로 접었다 편 다음, 양 모서리를 중심선을 향해 접어 주세요.

TIP 커다란 당근은 색종이 한 장을 그대로 사용하고, 작은 당근은 색종이를 4등분해서 접습니다.

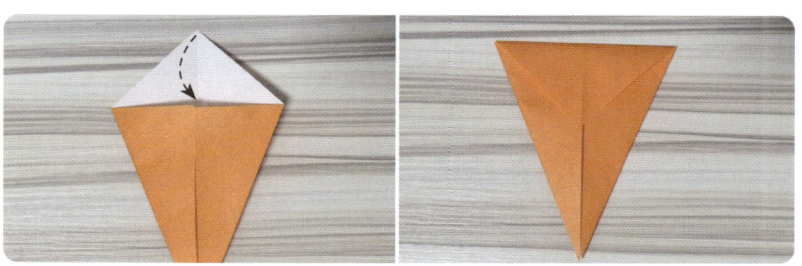

2 위쪽 모서리를 접어 내려 역삼각형 모양을 만듭니다.

3 역삼각형의 양옆 꼭짓점을 사선으로 접어 뒤집으면 당근의 뿌리가 완성됩니다.

● 당근잎접기

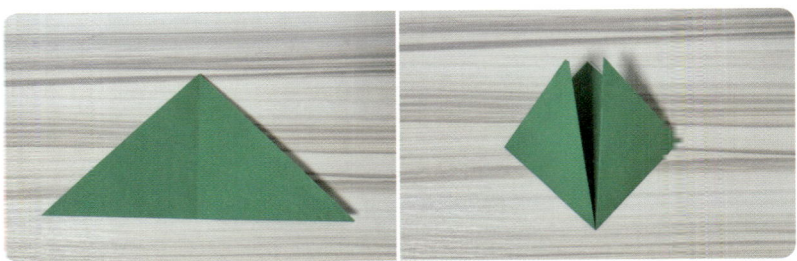

① 색종이를 대각선으로 반을 접은 다음, 반으로 한 번 더 접었다 펴서 생긴 중심선에 맞춰 양 꼭짓점을 접었다 펴 주세요.

② ①에서 양 꼭짓점을 접었다 펴서 생긴 사선을 중심선에 맞춰 접은 다음 두 겹으면 당근의 잎이 됩니다.

③ 당근의 뿌리와 잎을 투명 테이프 또는 풀로 붙이고 재미있는 표정을 그려 주세요.

○ **화분 만들기**

① 1,000ml 우유갑의 한 면을 오려 내 우유를 따르는 부분을 평평하게 만든 후, 우유갑의 입구 쪽을 투명 테이프로 붙인 다음 포장지로 우유갑 전체를 감싸면 당근 화분이 완성됩니다.

② 화분에 채울 흙을 만들기 위해 A4 크기의 크라프트지 또는 갈색 색지를 준비합니다. 색지를 길게 2등분해 자른 뒤, 반으로 접고 하트 도양으로 만들어 준 다음 모양이 풀리지 않도록 스테이플러로 고정합니다.

TIP 색지의 폭은 우유갑의 길이에 따라 조정해 주세요.

③ 하트 모양 색지 4개를 만들어 우유갑에 넣어 주세요.

TIP 하트 모양이 둥글게 유지되어야 당근을 끼웠을 때 잘 고정되니 납작하게 눌리지 않게 주의합니다

④ 완성한 화분에 색종이 당근을 심어 주세요.

당근을 많이 만들어서 화분에 심으며 숫자 세기, 덧셈, 뺄셈 놀이를 해도 좋아요.

STEP 3 당근을 주제로 한 그림책 더 읽어 보기

오! 당근

천미진 글,
강효진 그림,
발견(키즈엠) | 2021

오싹오싹 당근

애런 레기놀즈 글,
피터 브라운 그림,
홍연미 옮김,
주니어RHK | 2020

커다란 당근의 비밀

다린 글·그림,
꿈터 | 2020

당근 먹는 티라노사우루스

스므리티 프라사담 홀스 글,
카테리나 마놀레소 그림,
엄혜숙 옮김,
풀과바람 | 2021

아주 큰 당근

토네 사토에 글·그림,
엄혜숙 옮김,
봄봄출판사 | 2021

콩이와 당근이

심수진 글,
김진겸 그림,
연두세상 | 2018

토끼의 당근 당근 당근

케이티 허드슨 글·그림,
최용은 옮김,
키즈엠 | 2016

당근 쿠키

나두나 글·그림,
재능교육 | 2022

27 《과일이 툭!》 읽고 색종이로 입체 과일 모빌 만들기

새콤달콤한 과일을 입에 한가득 머금으면 온몸에 상쾌함이 충전되는 기분이에요. 채소를 안 먹는 아이는 많지만, 과일을 싫어하는 아이는 거의 없는 듯합니다. 알록달록 예쁜 빛깔에 다채로운 맛을 지닌 매력 만점 과일을 그림책과 놀이로 만나 보세요!

꿈꾸맘 추천 그림책과 공감 포인트

과일이 툭!
투페라 투페라 글·그림, 정윤 옮김,
키즈엠 | 2020

 그림책은요

다양한 과일이 등장하는 흥미로운 플랩북이에요. 과수원에는 다양한 과일나무가 있는데요. 열매가 나뭇잎 사이에 숨어 있기에 어떤 과일나무인지 알 수 없어요. "과일아, 과일아. 넌 누구니?"라고 물으며 접혀 있던 페이지를 아래로 내리면, 잘 익은 과일이 툭! 떨어지면서 존재감을 드러냅니다. 과일마다 특유의 표정과 캐릭터가 살아 있는 것도 재미있어요. 아이에게 과일은 나무에서 열린다는 점과 잘 익은 과일은 나무에서 떨어진다는 점을 알려 주세요. 나무에 과일만 있는 것은 아니랍니다. 갑자기 모습을 드러내는 깜짝 손님의 정체도 확인해 보세요.

STEP 1 꿈책맘 이야기 놀이

📖 '과수원에 가면' 놀이를 해 보세요. 난이도는 아이의 나이에 따라 조정합니다. 아이와 과일 이름을 번갈아 말하거나, 좀 더 난이도를 높여서 나와 상대편이 말한 과일을 모두 암기해 순서대로 말하고 새로운 과일 이름을 하나 더 추가하는 방식으로 해도 좋습니다.

👩 과수원에 가면 사과도 있고.

👫 과수원에 가면 사과도 있고, 귤도 있고.

👩 과수원에 가면 사과도 있고, 귤도 있그, 포도도 있고.

👫 과수원에 가면 사과도 있고, 귤도 있고, 포도도 있고, 배도 있고.

👩 과수원에 가면 사과도 있고, 귤도 있고, 포도도 있고, 배도 있고, 복숭아도 있고.

📖 집에 있는 과일의 색, 냄새, 감촉, 맛을 느껴 보고 반으로 잘라 어떤 모양인지 이야기해 보세요. 세로로 잘랐을 때, 가로로 잘랐을 때 모양이 어떻게 다른지 비교하면 더 재미있어요.

STEP 2 꿈책맘 만들기 놀이

알록달록한 색지로 과일 모빌을 만들어요.

● 준비물
- ☐ 색지
- ☐ 크라프트지 또는 갈색 종이
- ☐ 끈
- ☐ 실 또는 낚싯줄
- ☐ 연필
- ☐ 검은색 사인펜
- ☐ 가위
- ☐ 풀
- ☐ 투명 테이프
- ☐ 스테이플러

○ **놀이 시작**

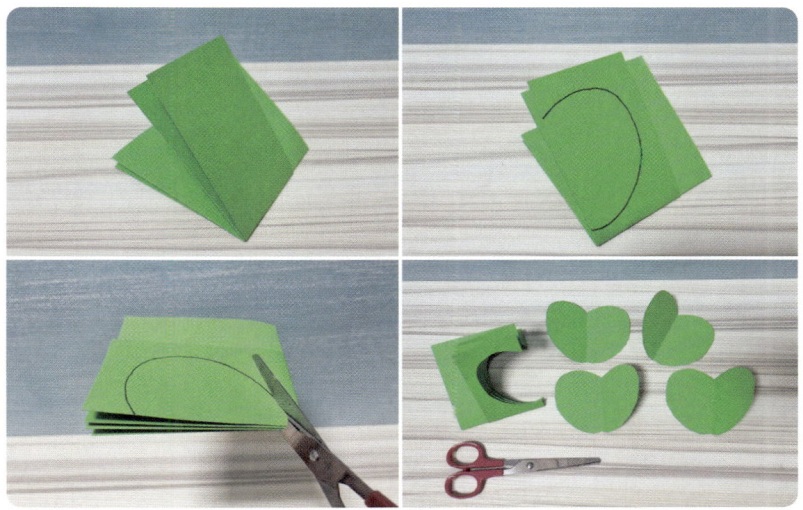

① 색지를 반으로 접어 사과 반쪽 모양을 그린 다음 오려서 좌우 대칭인 예쁜 사과 모양을 만들어 주세요. 사과는 가로 너비 10cm 정도의 크기로 만듭니다.

TIP 과일 1개를 만드는 데 색지 4장이 필요하므로, 반으로 접은 색지 4장을 겹쳐서 한꺼번에 가위로 오려 주세요.

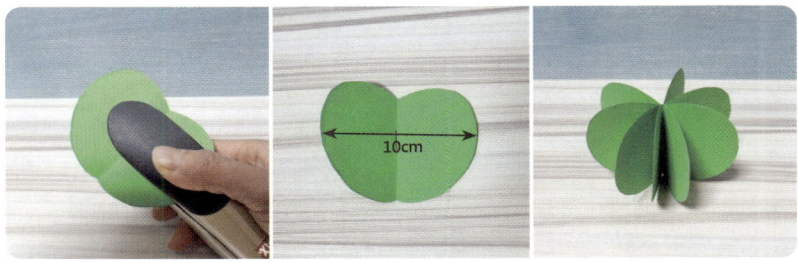

② 자른 종이 4장을 겹친 다음 중심선을 스테이플러로 고정하고 종이를 한 장씩 펼쳐 주세요.

TIP 철심을 중심선에 정확히 박아야 과일을 입체로 폈을 때 예뻐요.

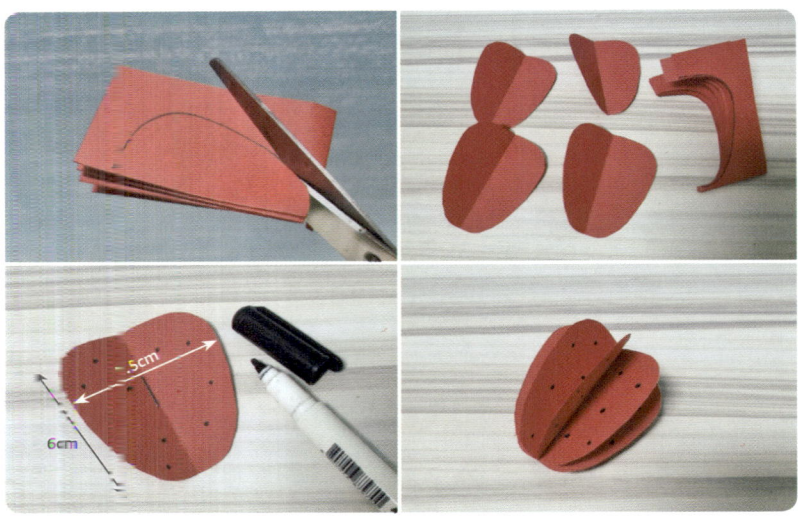

③ 딸기도 ㅏ과와 같은 방법으로 만들고 검은색 사인펜으로 점을 찍어 씨를 표현해 주세요. 딸기는 ㅏ로 너비 5.5cm, 세로 길이 6cm로 만듭니다.

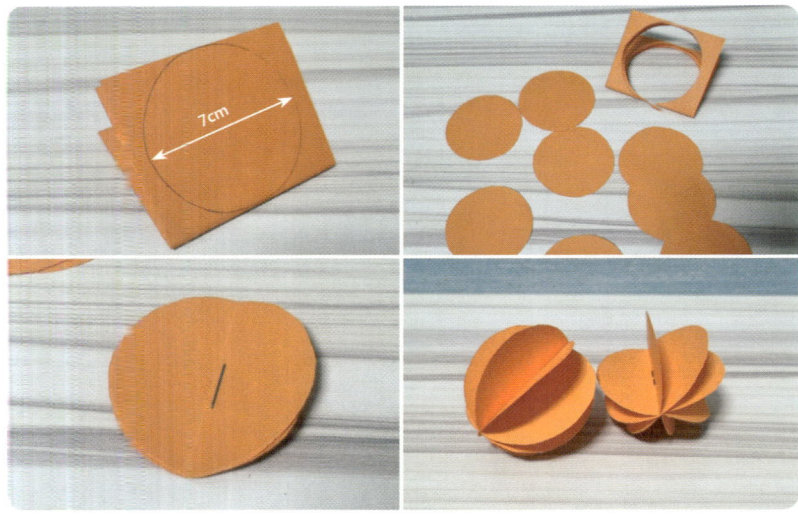

④ 귤은 지름 7cm의 동그라미를 4장 오린 다음 반으로 접었다 펴고, 이때 생긴 중심선을 스테이플러로 고정하여 만듭니다.

5 초록색 색지르 딸기 꼭지와 귤잎을 만들어 붙이고, 갈색 종이로는 사과 꼭지를 만들어 붙입니다.

TIP 과일은 종류별로 2개씩 만들어 주세요.

6 크라프트지를 동그랗게 말아서 종이 막대를 만들고 끈을 달아 주세요.

TIP 크라프트지 대신 나뭇가지를 써도 좋아요.

7 완성한 과일에 투명 테이프로 실이나 낚싯줄을 붙이고 종이 막대에 고정합니다.

STEP 3 과일을 주제로 한 그림책 더 읽어 보기

대단한 참외씨

임수정 글, 전미화 그림,
한울림어린이 | 2019

과일이 최고야

이시즈 치히로 글,
야마무라 코지 그림,
엄혜숙 옮김,
천개의바람 | 2012

이 세상 최고의 딸기

하야시 기린 글,
쇼노 나오코 그림,
고향옥 옮김,
길벗스쿨 | 2019

딸기

신구 스스무 글·그림,
김루희 옮김,
한솔수북 | 2008

오! 딸기

이수연 글, 설찌 그림,
발견(키즈엠) | 2021

오! 감

주미경 글, 남윤잎 그림,
발견(키즈엠) | 2022

사과 먹는 법

전병호 글, 송선옥 그림,
봄봄출판사 | 2022

사과가 쿵!

다다 히로시 글·그림,
정근 옮김,
보림 | 2006

나의 사과나무

루드게리 도바크 글·그림,
최은은 옮김,
키즈엠 | 2015

과일들이 수영복을 입었어!

재러드 챕맨 글·그림,
서남희 옮김,
어썸키즈 | 2017

사과를 자르면
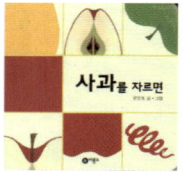
유문조 글·그림,
비룡소 | 2004

수박을 쪼개면
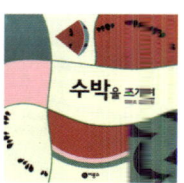
유문조 글·그림,
비룡소 | 2004

포도 꿀꺽

현민경 글·그림,
창비 | 2022

과일나라 색깔여행

이현 글, 신현정 그림,
큰북작은북 | 2019

쭉

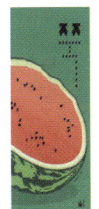

박주현 글·그림,
풀빛 | 2022

수박

허은순 글·사진,
이정현 그림,
은나팔 | 2012

수박 행성

상자 글, 이수현 그림,
꼬마이실 | 2022

수박

김영진 글·그림,
길벗어린이 | 2021

수박씨를 삼켰어!

그렉 피졸리 글·그림,
김경연 옮김,
토토북 | 2018

커다란 수박의 비밀

다린 글·그림,
꿈터 | 2022

28 《브로콜리지만 사랑받고 싶어》 읽고 휴지 심으로 브로콜리 만들기

모든 것이 풍족해서 부족함 없이 사는 요즘은 먹고 싶은 것, 내가 원하는 것을 더 맛있게 먹는 것에 더욱 가치를 두게 됩니다. 그러나 아이들의 경우에는 또 다르지요. 영양소를 골고루 섭취해야 건강하고 튼튼하게 자랄 수 있으니 말이에요. 그래서 싫어하는 음식도 먹어 보라고 권하는 것이 엄마의 마음이에요. 골고루 먹어야 건강해진다는 교훈적인 이야기를 담은 그림책도 좋지만, 요즘은 아이들의 감정에 호소하는 귀여운 그림책들이 더욱 인상적으로 다가옵니다. 아이들에게 미움을 받는 채소의 마음은 어떨지 그림책으로 만나 보고, 잘 먹지 않는 채소와 더욱 가까워지는 시간을 만들어 보세요.

꿈책맘 추천 그림책과 공감 포인트

브로콜리지만 사랑받고 싶어
별다름·달다름 글, 서영 그림,
키다리 | 2021

이 그림책은요
아이들이 싫어하는 채소 1위가 본인이라는 소식에 크게 낙담하지만, 좌절하지 않고 노력하는 브로콜리의 이야기예요. 브로콜리는 슬퍼하고 있을 수만은 없다고 생각하고 아이들에게 사랑받을 방법을 찾아 나섭니다. 겉모습을 바꿔 보기도 하고, 인터넷 방송으로 인기를 얻어 보려고도 하지만 소용이 없어요. 그러던 중 우연히 멜론 도사의 고민 상담 광고를 보고 지푸라기라도 잡는 심정으로 상담을 받습니다. 하지만 멜론 도사의 방법 역시 신통치 않았기에 브로콜리는 결국 모든 것을 포기하고 떠나려는 마음을 먹어요. 그리고 마지막이라는 생각으로 영혼까지 갈아 넣은 노력의 결과물을 만든 후에야 깨닫게 됩니다. 사람의 마음을 움직이는 것은 '진심'이라는 것을요!

STEP 1 꿈책맘 이야기 놀이

📖 내가 만약 브로콜리라면 어떤 기분이 들지 이야기해 보세요. 브로콜리의 마음을 이해하며 싫어하는 채소에 관심을 가지게 됩니다.

👩 엄마가 브로콜리라면 정말 속상할 것 같은데 ○○이는 어떨 것 같아?

👦 아무도 나랑 놀아 주지 않고 나를 싫어한다고 생각하면 슬퍼요.

📖 그림책 주인공을 본 아이들은 자신은 편식하지 않는다고 말하기도 해요. 편식이 안 좋은 것임을 인지하고 있어서 자신을 방어하기 위해 하는 말이므로 자연스러운 모습입니다. 이때 아이를 나무라거나 반박하지 말고 엄마의 경험을 들려 주거나 아이의 말에 맞장구쳐 주세요.

👩 엄마도 어렸을 때 콩이 싫었는데, 한번 먹어 봤더니 고소하고 맛있더라.

👦 저도 어른이 되면 잘 먹을 수 있을까요?

👩 너무 싫으면 억지로 먹지 않아도 되지만 한번 시도는 해봐. 의외로 괜찮을 수도 있잖아?

STEP 2 꿈책맘 만들기 놀이

그림책에 등장하는 브로콜리 캐릭터를 만들며
평소에 싫어하던 채소를 친근하게 느끼도록 해 주세요.

○ 준비물
- ☐ 초록색 색종이, 연두색 색종이 2장씩
- ☐ 휴지 심
- ☐ 인형 눈
- ☐ 풀
- ☐ 가위
- ☐ 연필
- ☐ 사인펜

○ **놀이 시작**

① 연두색 색종이를 휴지 심 높이에 맞춰 자르고 색종이 전체에 풀을 발라 휴지 심을 감싸 주세요.

 풀을 전체적으로 발라야 줄기 모양으로 자를 때 색종이가 떨어지지 않아요.

② 휴지 심 한쪽을 납작하게 눌러 줍니다.

③ 납작하게 눌러 준 휴지 심에 길게 파인 역삼각형을 그린 뒤 한꺼번에 가위로 오려 주세요.

1. 초록색 색종이에 브로콜리의 꽃 부분을 그려 주세요. 색종이 2장을 겹쳐서 한꺼번에 자르면 같은 모양 2장을 만들 수 있어요.

2. 공송이를 붙었을 때 휴지 심이 뜨지 않도록 줄기 윗부분에 투명 테이프를 붙인 다음 브로콜리꽃 색종이 2장을 겹쳐서 풀로 붙입니다.

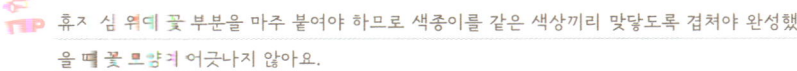

TIP 휴지 심 위에 꽃 부분을 마주 붙여야 하므로 색종이를 같은 색상끼리 맞닿도록 겹쳐야 완성했을 때 꽃 모양이 어긋나지 않아요.

3. 줄기 부분에 인형 눈을 붙이고 사인펜으로 입을 그립니다. 여분의 색종이를 반으로 접어 팔과 손을 그리고 가로로 오려 줄기 양쪽에 붙여 주세요.

STEP 3 건강한 식생활을 주제로 한 그림책 더 읽어 보기

골고루

이윤희 글,
오오니시 미소노 그림,
쉼어린이 | 2017

농부 할아버지와 아기 채소들

현민경 글·그림,
웅진주니어 | 2021

재미있게 먹는 법

유진 글·그림,
한림출판사 | 2014

먹는 이야기

고대영 글, 김영진 그림,
길벗어린이 | 2011

밥 한 그릇 뚝딱!

이소을(이진경) 글·그림,
상상박스 | 2009

배꼽시계가 꼬르륵!

이소을 글·그림,
상상박스 | 2012

밥이 최고야

김난지 글, 최나미 그림,
천개의바람 | 2013

난 밥 먹기 싫어

이민혜 글·그림,
시공주니어 | 2009

과자 마녀를 조심해!

정희재 글, 김영수 그림,
책읽는곰 | 2010

뿌지직, 우주 똥꼬 전쟁

안영은 글, 이주혜 그림,
노란돼지 | 2014

과자가 되고 싶은 피망

이와카미 아이 글·그림,
고향옥 옮김,
길벗스쿨 | 2019

피리 부는 아이

김도경 글·그림,
길벗어린이 | 2022

꿈책맘의 그림책 큐레이션

🍅 **채소와 과일을 소재로 한 그림책들**

채소들아, 어디 가니?

ㅁ소선생 글,
천미진 그림,
그리라움김,
키즈앤케크 | 2020

오리네 찜질방

민승지 글·그림,
위즈덤하우스 | 2020

옥두두두두

한연진 글·그림,
향 | 2022

옥수수 대탈출

안주미 글·그림,
현암주니어 | 2021

양배추 행성 동물도감

루페타 투페라 글·그림,
송주은 옮김,
계림당 | 2018

감자가 만났어

수초이 글·그림,
후즈갓마이테일 | 2017

상추씨

조혜란 글·그림,
사계절 | 2017

채소가 최고야

이시즈 치히로 글,
야마무라 코지 그림,
엄혜숙 옮김,
천개의바람 | 2021

콩, 풋콩, 콩나물

고야 스스무 글,
나카제다 두쓰키 그림,
엄혜숙 옮김,
시금치 | 2015

콩 콩 콩! 접시까지 온 콩 이야기

앤디 컬런 글,
사이먼 리커티 그림,
엄혜숙 옮김,
내인생의책 | 2009

콩나물
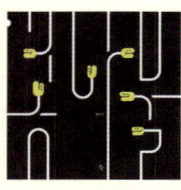
정은선 글·그림,
반달(킨더랜드) | 2022

채소 이야기

박은정 글·그림,
보림 | 2016

고구마구마

사이다 글·그림,
반달(킨더랜드) | 2017

고구마유

사이다 글·그림,
반달(킨더랜드) | 2021

야채가 좋아

조미자 글·그림,
미래아이(미래M&B) |
2008

초록초록

이순옥 글·그림,
사계절 | 2020

채소가 쑥!

투페라 투페라 글·그림,
정윤 옮김,
키즈엠 | 2021

내 친구 브로리

이사랏 글·그림,
비룡소 | 2018

채소를 소재로 한 그림책 시리즈

채소 학교 시리즈
웅진주니어

아이들의 흥미를 끄는 채소 캐릭터를 통해 친구 사이의 따뜻한 우정을 보여 줍니다. 채소에 대한 지식도 알려 줘서 유익해요.

채소 학교와 파란 거리 토마토
나카야 미와 글·그림,
김난주 옮김, 2017

채소 학교와 잠꾸러기 피망
나카야 미와 글·그림,
강방화 옮김, 2018

채소 학교와 더벅머리 옥수수
나카야 미와 글·그림,
강방화 옮김, 2019

채소 학교와 책벌레 양배추
나카야 미와 글·그림,
강방화 옮김, 2020

냠냠 채소 마을 시리즈
꿈터

아이들에게 익숙하지 않은 채소와 해조류, 뿌리채소를 친근하게 느끼게 해주어요. 친구들과 함께 어려움을 헤쳐 나가며 서로 돕는 우정을 보여 주는 그림책입니다.

너도 같이 갈래?
김영진 글,
도니카 그림, 2016

채소 구조대
김영진 글,
모니카 그림, 2017

고마워요! 인어공주
김영진 글,
김이주 그림, 2018

채소 마을 콩 대장
이현선 글,
김이주 그림, 2018

땅속 보물을 찾아라!
김영진 글,
김이주 그림, 2018

울랄라 채소 유치원 시리즈

비룡소

의인화한 채소 캐릭터를 통해 목욕하기, 잠자기, 아침에 일어나기와 같은 기본 생활 습관과 공공 예절을 알려 줍니다. 책의 다양한 에피소드를 통해 채소를 친근하게 느낄 수 있게 해 주는 시리즈예요.

좋은 아침이야!
와타나베 아야 글·그림, 정영원 옮김, 2016

목욕은 즐거워
와타나베 아야 글·그림, 정영원 옮김, 2017

코~ 잘 자요
와타나베 아야 글·그림, 정영원 옮김, 2017

친구야, 미안해
와타나베 아야 글·그림, 정영원 옮김, 2017

고마워, 토마토맨!
와타나베 아야 글·그림, 정영원 옮김, 2018

양배추는 정리 대장
와타나베 아야 글·그림, 정영원 옮김, 2018

쉬잇, 조용조용!
와타나베 아야 글·그림, 정영원 옮김, 2018

양파야, 뚝!
와타나베 아야 글·그림, 정영원 옮김, 2018

사이좋게 놀아요
키다니 야스노리 글, 와타나베 아야 그림, 정영원 옮김, 2020

씩씩하게 말해 봐!
키다니 야스노리 글, 와타나베 아야 그림, 정영원 옮김, 2020

과일 채소 히어로즈 시리즈

올리

어려움에 빠진 친구가 있으면 어김없이 등장하는 과일 채소 히어로즈! 다양한 개성을 지닌 친구들이 만나 서로 배려하고 다름을 존중해야 한다는 주제를 담고 있어요.

맛있는 숲의 레몬
사토 메구미 글·그림, 황진희 옮김, 2021

딸기와 팡이
사토 메구미 글·그림, 황진희 옮김, 2021

사과와 악당 바람
사토 메구미 글·그림, 황진희 옮김, 2021

복숭아 씨앗 발사!
사토 메구미 글·그림, 황즌희 옮김, 2021

포도와 모래 괴물
사토 메구미 글·그림, 황진희 옮김, 2022

내가 사는 지구와
그 지구가 속한 넓디넓은 우주는 알수록 신비합니다.
그림책으로 우주를 여행하며 시야를 확장해 보세요.

PART 09

지구와 우주

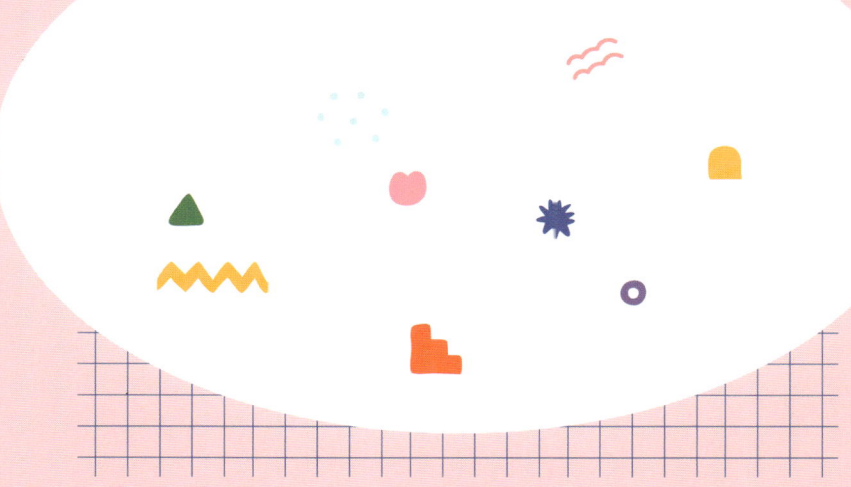

《내 친구 지구》 읽고 클레이로 지구 만들기

지구는 인간을 비롯해 수많은 동식물이 사는 삶의 터전입니다. 우리가 사는 곳이니 잘 알아야 하는 것은 당연할뿐더러, 지구를 사랑하는 마음이 있어야 환경을 보호하고 가꾸려는 마음도 우러나지요. 아이와 그림책을 통해 지구에 대해 알아보고 사랑하는 마음도 갖게 해 주세요!

꿀책담 추천 그림책과 공감 포인트

내 친구 지구
패트리샤 매클라클랜 글,
프란체스카 산나 그림,
김지은 옮김,
미디어창비 | 2020

이 그림책은요

플랩과 페이퍼 커팅으로 아이들의 호기심을 자극하는 책입니다. 어린아이들이 흥미롭게 볼 수 있어요. 지구가 친근한 어린 소녀의 모습으로 등장하는 것도 인상적입니다. 겨울잠에서 깨어난 지구가 사계절을 거치며 다양한 동식물을 돌보고 보살피는 모습을 통해 지구상의 모든 생물은 지구라는 삶의 터전을 평등하게 공유해야 한다는 점을 알려 줍니다. 우리도 그저 지구에 사는 생물 중 하나일 뿐, 지구상의 어떤 것도 인간의 전유물이 아니지요. 이 책은 우리에게 진정으로 지구를 사랑한다는 것이 무엇인지를 일깨워 줍니다.

꿈책맘 이야기 놀이

📖 지구를 지키기 위해서는 어떤 일을 해야 할지 이야기 나누어 보세요. 집에서 실천할 수 있는 작은 방법부터 이야기해 봅니다.

🧒 일회용품 사용을 어떻게 줄일 수 있을까?

👫 음식을 포장해 올 때 그릇을 가져가면 좋아요! 지난번에 엄마도 커피 사러 갈 때 텀블러 가져갔었잖아요.

👩 엄마는 가방마다 접을 수 있는 장바구니를 넣고 다녀. 그럼 일회용 비닐 사용을 줄일 수 있거든.

👫 저도 그림을 그릴 때 이면지를 사용할 거예요.

👩 집에서 어떻게 에너지를 절약할 수 있을까?

👫 빈 방의 전등은 꼭 꺼야 돼요. 양치할 때는 꼭 컵에 물을 받아 쓰고요.

👩 빨래는 모아서 한꺼번에 하고, 날씨가 좋은 날에는 건조기를 사용하는 대신 햇볕에 말리면 전기를 절약할 수 있겠다.

STEP 2 꿈책맘 만들기 놀이

클레이로 동글동글한 지구를 만들어 보세요.
아이가 어리다면 지구 안쪽의 내핵, 외핵, 맨틀 등의 층을 만드는 것은 생략합니다.

○ 준비물
- ☐ 클레이(노란색, 빨간색, 주황색, 파란색, 초록색)
- ☐ 인형 눈
- ☐ 플라스틱 칼

o **놀이 시작**

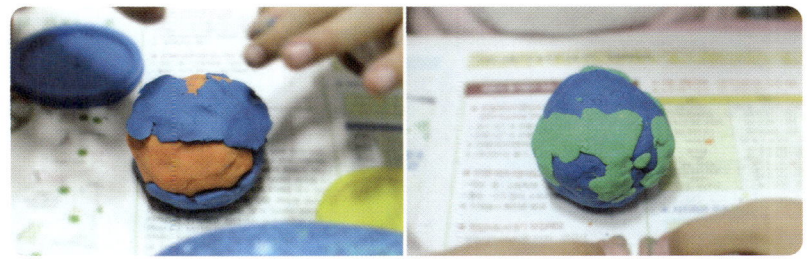

① 노란색 클레이로 작은 공 모양을 빚은 후, 빨간색 → 주황색 → 파란색 순서로 노란 클레이를 감쌉니다. 아이가 어리다면 파란색 클레이만 사용해서 동그랗게 빚어 주세요. 겉면에는 초록색 클레이로 육지 모양을 만들어 붙여 주세요.

TIP 너무 세게 누르면 안쪽의 구 모양이 찌그러질 수 있으니 힘을 조절해 주세요.

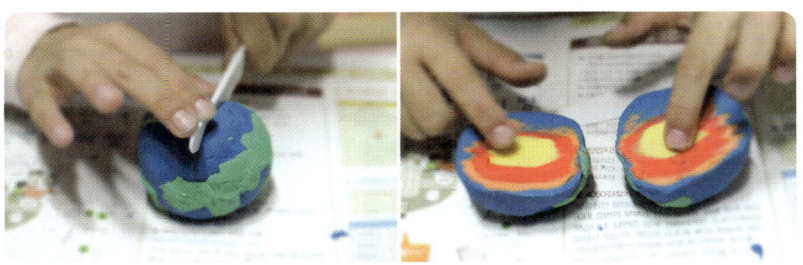

② 플라스틱 칼을 사용해서 지구를 반으로 자르면 지구 내부의 모양을 볼 수 있는 모형이 됩니다.

③ 완성한 지구에 인형 눈을 붙여 장식해 주세요.

STEP 3 지구를 주제로 한 그림책 더 읽어 보기

● 지구 그림책

안녕, 나는 지구야!

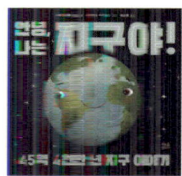

스테이시 매카널티 글,
데이비드 리치필드 그림,
최순희 옮김,
현암주니어 | 2018

지구는 커다란 돌덩이

임태훈 글,
이경국 그림,
웅진주니어 | 2014

침대 밑에는 뭐가 있을까?

믹 매닝, 브리타 그란스트룀 글·그림,
이연수 옮김,
그린북 | 2000

아래로 아래로

에른스트 얀들 글,
노르만 융에 그림,
박상순 옮김,
비룡소 | 2001

지구 반대쪽까지 구멍을 뚫고 가 보자

페이스 맥널티 글,
마르크 시몽 그림,
박정선 옮김,
시돌 | 2005

지구로 소풍가는 날!

로렌 리디 글·그림,
이지유 옮김,
미래아이(미래M&B) | 2003

지구 속은 어떻게 생겼을까?

가코 사토시 글·그림,
이태원 옮김,
청어람아이들
(청어람미디어) | 2006

우리는 이 행성에 살고 있어

올리버 제퍼스 글·그림,
장미란 옮김,
주니어김영사 | 2018

🌏 지구 사랑·환경 그림책

멋쟁이 낸시는 지구 지킴이

제인 오코너 글,
로빈 프레이스 글래서 그림,
김영선 옮김,
국민서관 | 2012

지구를 지켜라! 슈퍼 재활용 우주 비행선

루스 훼일 글,
제즈 투야 그림,
김현희 옮김,
사파리 | 2021

냉장고가 사라졌다!

노수미 글, 김지환 그림,
한그루 | 2022

아름다운 우리 섬에 놀러 와

허아성 글·그림,
국민서관 | 2022

지구를 도와줘!

줄리언 레넌,
바트 데이비스 글,
스밀자나 코 그림,
한성희 옮김,
키즈엠 | 2019

내가 지구를 사랑하는 방법

토드 파 글·그림,
장미경 옮김,
고래이야기 | 2022

바다로 간 빨대

김영미 글,
노아(조히) 그림,
아이앤북(I&BOOK) | 2020

지구는 내가 지킬 거야!

존 버닝햄 글·그림,
이상희 옮김,
비룡소 | 2013

지구를 다 먹어 버린 날

알랭 세레 글,
실비아 보나니 그림,
박희원 옮김,
뜨인돌어린이 | 2011

지구야, 우리가 지켜 줄게

제네비브 루소 글,
에스텔 킨스 그림,
김현좌 옮김,
봄봄출판사 | 2012

고사리손 환경책

멜라니 월시 글·그림,
웅진주니어 | 2009

30. 《우주 택배》 읽고 색종이와 물감으로 우주 풍경 만들기

널디넓은 우주에는 무엇이 있을까요? 우주에는 인간 말고 다른 존재도 살고 있지 않을까요? 그림책을 통해 태양계에 대해 알아보고 우주 어딘가에 살고 있을지도 모를 외계인 이야기를 읽다 보면 아이의 시야가 넓어짐을 느낍니다. 우리가 살고 있는 지구도 우주에 있는 무수한 별 중 하나일 뿐입니다. 그림책을 통해 아이와 광활한 우주를 여행해 보세요!

꿈혁임
추천 그림책과
공감 포인트

우주 택배
이수현 글·그림,
시공주니어 | 2021

이 그림책은요

미래에는 우주로도 택배 배송을 할 수 있을 것이라는 상상을 담은 그림책이에요. 주인공 수롱이네 부모님은 직접 농사지은 옥수수를 우주 홈쇼핑을 통해 다른 행성의 우주인들에게 판매하는데요. 수롱이는 우주에 가고 싶은 마음에 다른 별로 배송될 옥수수 박스에 몰래 숨어듭니다. 수롱이가 들어간 상자는 택배 로켓을 타고 우주 물류센터로 가는데요. 상자가 답답해서 뛰쳐나온 수롱이는 간곡히 부탁해서 택배 사원으로 일하게 됩니다. 다양한 행성으로 갖가지 물품을 배송하는 수롱이와 우주 택배 사원 따콩이의 모습이 재미있는데요. 우주를 누비며 택배를 배달하는 모습과 외계 행성을 디테일하게 묘사한 상상이 돋보입니다.

꿈책맘 이야기 놀이

📖 그림책에는 다양한 외계 행성과 외계인이 등장합니다. 달이 백 개나 있는 행성의 외계인들은 밤이 너무 환해서 빛을 막는 시력 보호 안경과 암막 커튼을 주문하고요. 온통 바다로 둘러싸인 행성에 사는 문어를 닮은 외계인은 빨판을 닦을 수세미를 주문해요. 외계인들에게 또 어떤 물건이 있으면 유용할지 이야기를 나눠 보세요.

📖 나만의 외계 행성을 상상하고 그 행성에는 어떤 지구 물건이 필요할지 이야기해 보세요.

👩 초콜릿 행성의 외계인들은 단 것만 먹으니 질려서 짠 맛이 나는 감자 칩을 주문했대.

👫 스프링 행성에 사는 외계인들은 통통 튀며 다니는 것이 힘들어서 땅에 붙일 때 쓸 강력 테이프를 주문했어요.

📖 외계인 친구에게 우주 택배로 물건을 보낼 수 있다면 무엇을 보내고 싶은지 이야기해 보세요.

👩 엄마는 떡볶이가 너무 맛있어서 외계인들에게도 맛보게 하고 싶어.

👫 그럼 저는 제가 좋아하는 슬라임을 보낼래요. 외계인 친구가 만져 보면 재미있어할 것 같아요.

STEP 2 꿈책맘 만들기 놀이

색종이로 접은 로켓과 물감으로 꾸민 행성으로
멋진 우주 풍경을 만들어 보세요.

- 준비물
  - ☐ 핸드 페인팅용 물감
  - ☐ 아이 사진
  - ☐ 스케치북 또는 흰색 도화지
  - ☐ 검은색 색지
  - ☐ 색종이
  - ☐ 지퍼백
  - ☐ 스티커
  - ☐ 풀
  - ☐ 가위
  - ☐ 칼

o **물감 마블링으로 행성 만들기**

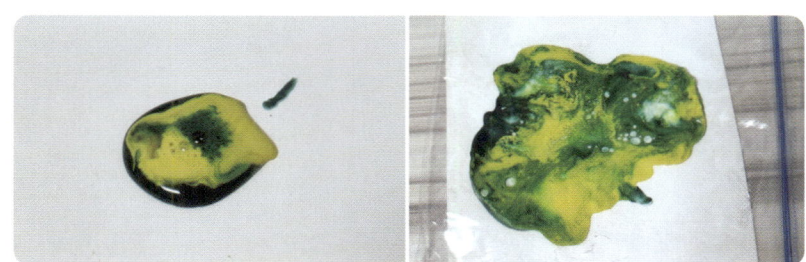

① 흰색 도화지 위에 두 가지 색의 물감을 짠 후 지퍼백에 넣고 손으로 눌러 마블링 무늬를 만듭니다.

② 물감이 묻은 도화지를 조심스럽게 지퍼백에서 꺼내 완전히 마를 때까지 기다립니다.

TIP 지퍼백 안쪽에 묻은 물감은 반대쪽 비닐에 붙지 않도록 조심하면서 마르기 전에 휴지로 닦아서 재사용하세요.

○ 색종이로
  로켓 접기

1. 색종이를 반으로 접었다 펴고 양 끝 선을 중심선에 맞춰 접어 주세요.

2. 색종이 아래쪽을 바깥쪽으로 비스듬히 접어 로켓 날개를 만든 다음 위쪽으 고서크를 직각삼각형 모양으로 접어 주세요.

3. 색종이를 펼쳐서 안쪽에 아이 사진을 올리고 적당한 위치를 잡아 동그란 창군을 뚫어 주세요.

④ 창문에 아이 사진이 보이도록 붙이고 다시 로켓 모양으로 접습니다.

⑤ 다양한 스티커로 로켓을 장식하고 빨간색 색종이 또는 물감을 찍은 종이로 불꽃 모양을 만들어 붙여 주세요.

o **우주 풍경 꾸미기**

① 다양한 색상의 조합으로 만든 마블링 무늬를 다양한 크기로 동그랗게 오린 뒤, 로켓과 함께 색지 위에 붙입니다.

그림책놀이TIP

- 우주와 태양계 행성을 주제로 한 플래시 카드로 게임을 하며 행성 이름을 익혀 보세요. QR 코드로 우주와 행성 플래시 카드, 행성 그림 자료를 다운로드할 수 있어요.

- 태양계 행성의 순서대로 카드를 나열합니다.
  태양 - 수성 - 금성 - 지구 - 화성 - 목성 - 토성 - 천왕성 - 해왕성

- 행성 플래시 카드를 2세트 출력해 한 세트는 그림이 보이도록 바닥에 늘어놓고 다른 한 세트는 그림이 보이지 않게 카드 더미로 쌓아 두세요. 쌓아 둔 카드 더미에서 무작위로 그림 카드 한 장을 뽑은 후, 바닥에서 같은 그림을 찾아보세요.

- 행성 플래시 카드 2세트를 출력해서 그림이 안 보이도록 뒤집어 놓고, 무작위로 2장씩 뒤집으며 같은 카드를 찾는 메모리 게임을 해 보세요. 뒤집어 놓는 카드의 수는 아이 나이에 따라 적절히 조절합니다.

- 태양계 행성 그림 자료를 순서대로 도화지에 붙여 보세요.

STEP 3 달과 우주를 주제로 한 그림책 더 읽어 보기

오잉?

홍원표 글·그림,
웃는돌고래 | 2016

달 체험학습 가는 날

존 헤어 글·그림,
행복한그림책 | 2019

우주에서 가장 행복한 100층 로켓

마이크 스미스 글·그림,
노은정 옮김,
사파리 | 2021

딸깍, 우주로 보내는 신호

데이비드 리치필드 글·그림,
이상희 옮김,
재능교육 | 2020

개똥이 우주선

조영아 글·그림,
아르볼 | 2015

우주에서 온 초대장

이은지 글·그림,
한솔수북 | 2016

우주 로켓을 타고 떠난 최고의 생일 파티 모험

사라 마시니 글·그림,
석호주 옮김,
사파리 | 2021

돼지 루퍼스, 우주에 가다

킴 그리스웰 글,
발레리 고르바초프 그림,
김정희 옮김,
국민서관 | 2018

외계인 친구 도감

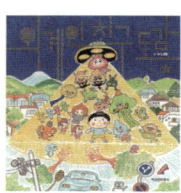

노부미 글·그림,
황진희 옮김,
위즈덤하우스 | 2021

화성에 무엇이 살까?

존 에지 글·그림,
서남희 옮김,
국민서관 | 2017

우주 비행사

댄 그린 글·그림,
김효영 옮김,
비룡소 | 2022

달 청소 대작전

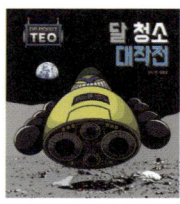

김호남 글·그림,
센트럴라이즈드 | 2020

31. 《별자리를 만들어 줄게》 읽고 나만의 별자리 만들기

도시에서는 대기가 맑지 않고 밤에도 조명이 밝아 별을 보기 어렵습니다. 저는 어린 시절 보았던 밤하늘의 별빛을 지금도 잊을 수 없어요. 아이에게 별을 직접 보여 주는 것이 가장 좋지만 여의치 않다면 그림책으로 만나 보세요. 특히 별자리에 얽힌 옛이야기는 흥미진진하면서도 신비로운데요. 오래전 목동들이 밤하늘을 보며 별자리 이야기를 만들었듯이 아이와 함께 별자리 이야기를 만들며 상상의 나래를 펼쳐 보세요.

꿈책임 추천 그림책과 공감 포인트

별자리를 만들어 줄게
이석 글·그림,
뜨인돌어린이 | 2007

이 그림책은요 계절마다 바뀌는 별자리를 밤하늘의 여왕님이 옷을 갈아입는 것에 비유한 그림책이에요. 여왕님이 입는 별자리 옷은 달나라 토끼가 만드는데요. 별의 재료인 이슬과 나뭇잎을 절구에 넣고 빻다가, 별을 만들어 달라는 요청이 들어오면 멋진 별자리를 만들어 줍니다. 봄에는 목동을 위해 목동 별자리와 사냥개 별자리를 만들고요. 여름에는 여우의 부탁으로 여우 별자리를, 가을에는 두루미의 부탁으로 두루미 별자리를 만듭니다. 겨울이 되자 얼음 뱀이 등장해서 밤하늘의 별을 모두 먹어 버리기 시작해요. 얼음 뱀이 밤하늘의 별을 먹어 치린 데는 이유가 있었는데요. 얼음 뱀의 외로움을 알고 친구로 포용하는 달나라 토끼의 모습에 마음이 따뜻해집니다. 그림책 말미에는 책에 등장하는 계절별 별자리에 대한 설명도 볼 수 있습니다. 어린아이들도 볼 수 있는 별자리 그림책으로 추천해요.

STEP 1 꿈책맘 이야기 놀이

📖 나만의 별자리를 만들고 별자리에 관한 이야기를 나누어 보세요.

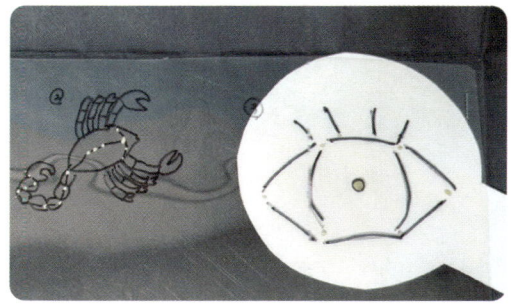

'지켜보고 있다 별자리'와 별자리 탄생 이야기

○○의 엄마는 ○○가 숙제를 하지 않자 가짜 눈을 만들어 하늘에 던졌고 그 눈은 별자리가 되었다. 그다음부터 ○○는 엄마가 보고 있다는 생각으로 숙제를 열심히 했다.

📖 하늘에서 태양이 지나가는 길에 있는 12개의 별자리를 '황도 12궁'이라고 하는데요. 서양에서는 12개의 별자리와 사람의 생일을 맞춰 보기도 했어요. 내 생일에 따른 별자리는 무엇인지 알아보세요.

STEP 2 곰책맘 만들기 놀이

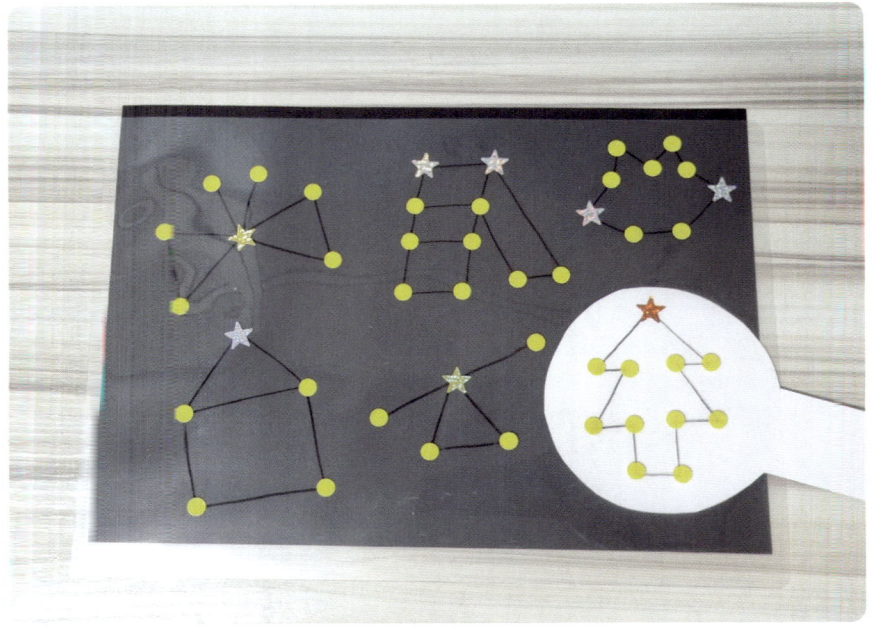

밤하늘의 별만 봐서는 별자리의 모양을 추측하기 어려운데요.
아이와 나만의 별자리를 만들며 이야기를 상상해 보고 계절마다
다른 별자리가 보인다는 것을 알려 주세요.

- 준비물
  - ☐ 검은색, 흰색 도화지
  - ☐ 투명 L자 서류 홀더
  - ☐ 별 모양, 동그라미 모양 스티커
  - ☐ 검은색 유성 사인펜
  - ☐ 가위

○ **놀이 시작**

① 투명 L자 서류 홀더 위에 다양한 모양의 별자리를 그립니다. 아이가 그리기를 어려워하면 A4 용지에 밑그림을 그려서 홀더에 끼우고 아이가 유성 사인펜으로 따라 그리게 합니다.

TIP 그림을 지우고 싶을 때는 화장 솜에 알코올을 묻혀 지우면 됩니다.

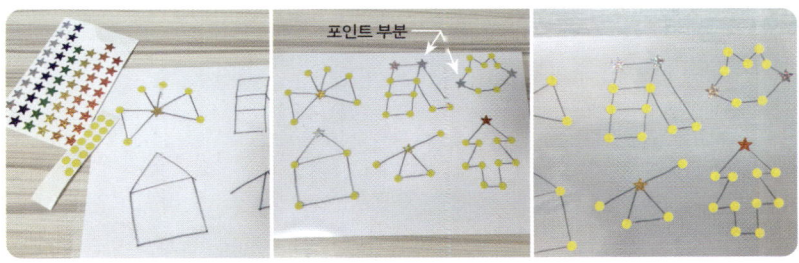

② 서류 홀더에 그린 그림이 잘 보이도록 흰색 종이를 끼운 다음 별자리의 선이 만나는 교차점에 스티커를 붙여 주세요.

TIP 별 모양 스티커만 붙이면 복잡해 보일 수 있으니, 동그라미 스티커를 붙이고 포인트 부분에만 별 모양 스티커를 붙여도 좋아요.

③ 흰색 도화지에 돋보기를 그려서 오립니다. 돋보기의 렌즈가 되는 동그라미는 별자리가 충분히 보이도록 적당한 크기로 만들어 주세요.

🌀 두루마리 홀더 안에 검은색 도화지를 끼우고 돋보기를 홀더 안으로 넣어 움직이며 밤하늘의 별자리를 찾아보세요.

관들기 놀이 TIP

아이와 함께 만든 별자리로 이야기를 만들어 보세요.

🧒 나비 별자리는 꽃가루를 찾다가 하늘 높이 올라간 나비가 별자리가 된 거예요.

👦 집 별자리는 별들이 잠시 쉬었다 가는 별자리야.

👧 별들도 놀이터가 필요하니까 시소 별자리와 미끄럼틀 별자리를 만들었어요.

👦 고양이 별자리는 밤에 길냥이들을 비춰 주는 별자리야.

👦 크리스마스 트리 별자리는 하늘의 별들이 함께 모여 만든 트리예요.

STEP 3 별자리를 주제로 한 그림책 더 읽어 보기

나는 우주인

나카가와 히로다카 글,
하타 코시로 그림,
조완제 옮김,
미운오리새끼 | 2016

오! 나의 달님

김지영 글·그림,
북극곰 | 2018

멋쟁이 낸시의 별자리 여행

제인 오코너 글,
로빈 프레이스 글래서 그림,
김영선 옮김,
국민서관 | 2013

별을 만져 보아요*

금동이책 글·그림,
점자 | 2012

별을 삼킨 괴물

민트래빗 플래닝 글·그림,
민트래빗 | 2015

입체로 보는 3D 별자리 도감

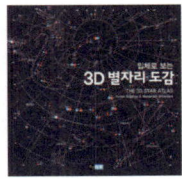

기타무라 마사토시,
스기우라 고헤이 공저,
김창원 옮김,
진선아이 | 2010

*《별을 만져 보아요》는 책에 나오는 별자리가 양각으로 되어 있어서 손으로 직접 만지며 별자리를 느낄 수 있어요.

꿈책맘의 그림책 큐레이션

🟠 우주를 소재로 한 그림책

해가 집에 가면

모모코 아베 글·그림,
홍지현 옮김,
늘은샘주니어
2022

태양을 꺼버린 소년

폴 브라운 글,
마크 오할런 그림,
고수미 옮김,
미세기 | 2017

오늘 해님이 안 나온다면

쓰카모토 야스시 글·그림,
김숙 옮김,
뜨인돌어린이 | 2018

나는 화성 탐사 로봇 오퍼튜니티입니다

이현 글, 최경식 그림,
만만한책방 | 2019

달에서 봤어!

 권수진 글,
 그림,
토토북 2018

달에 가고 싶어요

마쓰오카 도오루 글·그림,
김경원 옮김,
한림출판사 | 2015

라이카는 말했다

이민희 글·그림,
느림보 | 2007

나의 과학, 우주

조앤 스위니 글,
아네트 케이블 그림,
윤소영 옮김,
웅진주니어 | 2001

전화 받은 명왕성

애덤 렉스 글,
로리 켈러 그림,
키다리그림부 옮김,
도서출판 그린글 2020

명왕성이 뿔났다!

스티브 메츠거 글,
제러드 리 그림,
최순희 옮김,
은나팔(현암사) | 2015

우주 다녀오겠습니다

장선환 글·그림,
딸기책방 | 2022

🟠 우주 과학 그림책 시리즈

행성 그림책 시리즈　　　　　　　　　　　　　　　　　　　　　　현암주니어

안녕, 나는 지구야!
스테이시 매카널티 글,
데이비드 리치필드 그림,
최순희 옮김,
2018

안녕, 나는 태양이야!
스테이시 매카널티 글,
스티비 루이스 그림,
최순희 옮김,
2020

안녕, 나는 화성이야!
스테이시 매카널티 글,
스티비 루이스 그림,
최순희 옮김,
2021

안다옹 박사의 과학탐험대 시리즈　　　　　　　　　　　　　　　　책읽는곰

가자! 태양계
도미닉 월리먼 글,
벤 뉴먼 그림,
유윤한 옮김,
2019

타자! 우주 로켓
도미닉 월리먼 글,
벤 뉴먼 그림,
유윤한 옮김,
2019

보자! 별과 은하
도미닉 월리먼 글,
벤 뉴먼 그림,
유윤한 옮김,
2021

에필로그
그림책 읽기는 신나고 즐겁게!
꼭 기억하세요!

"글자를 아는데도 계속 저에게 읽어 달라고만 해요. 언제쯤이면 혼자 읽게 될까요?"
"아이가 똥과 방귀가 나오는 이야기만 좋아해요. 아름답고 진지한 이야기를 담은 책은 언제 읽을는지 한숨이 나옵니다."

'어머! 이건 우리 집 이야기야!'라고 생각하신다면 현재 상황은 지극히 정상이며 걱정할 필요가 없습니다. 어느 집이나 고민은 다 똑같으며 모두 다 공통으로 겪는 책육아의 과정이에요. 무언가를 처음 시작할 때 우리는 '진입장벽'을 이야기합니다. 재미있고 만만하게 보여야 시작하고픈 의지가 불끈 솟아나는 법이지요. 그런 의미에서 아이들이 처음 읽는 책인 그림책은 무조건 재미있어야 합니다. 똥과 방귀, 코딱지 이야기가 가득하면 오히려 좋아요. 아이가 곤충 책, 자동차 책, 공룡 책만 찾아도 좋아하는 책이 있으니 이 또한 고마운 일입니다. 일단 아이가 관심을 보이는 책으로 시작해서 그림책에 재미를 붙여야 진심으로 그림책을 즐길 수 있고요. 진지하고 철학적인 그림책을 함께 볼 수 있는 기회도 찾아옵니다. 그림책으로 시작해서 줄글책(삽화가 없는 소설책)까지 차근차근 단계를 쌓아 간다는 마음으로 책육아의 전체적인 로드맵을 그려야 해요. 책 읽기의 바탕이 되어야 하는 그림책 단계에서 책 읽기를 제대로 즐기지 못했는데 줄글책인들 재미있게 읽을 수 있을까요? 그렇기에 저는 그림책을 고를 때 아이의 취향을 우선시합니다. 대우 기본적이고 단순한 비법이지만 많은 부모님이 간과하는 점이라 안타까워요.

    그림책이 세상에 나온 이유를 생각해 봅니다. 글자를 모르는 아이들을 위해 그림이 있는 책을 만들다니! 정말 참신하고도 탁월한 발상 아닌가요! 그림책 속의 글자는 어른을 위한 것임을 꼭 기억해 주세요. 어른이 글자를 읽어 줄 때 아이들은 귀로는 어른이 읽어 주는 이야기를 듣고 눈으로는 그림을 보며 상상력을 키웁니다. 또한 작가들이 본문에 서술하지 않고 일러스트 속에 교묘하게 숨겨 놓은 장치들을 아이들은 기막히게 찾아내는데요. 어른이 글자를 읽어 주어야 그 기회가 더 많이 생깁니다. 그러니 아이가 온전히 그림책을 즐길 수 있게 열심히 책을 읽어 주세요. 아울러 텍스트를 읽어 주는 것에만 집중하지 말고 아이의 이야기에도 호응해 주는 멀티플레이가 필요합니다. 아이의 말을 듣느라 책 읽는 흐름이 끊겨도 걱정하지 마세요. 책은 나중에 다시 읽을 수 있지만, 아이의 이야기는 그 타이밍을 놓치면 다시 찾아오지 않으니까요.

    그림책을 읽으며 놀이를 곁들이는 이유도 책을 더 신나게 즐기기 위함이에요. 때로는 책 읽기보다 그림책 놀이가 주가 되어 버리는 상황이 벌어지기도 하지만 무엇이 주가 되는지는 중요하지 않아요. 아이와 엄마가 함께한 추억이 남는 것이 중요하지요. 그림책 읽기가 아이와 부모가 함께 즐기는 일상으로 자리 잡길 바랍니다.

4~10세 아이들의 집중력, 창의력이
폭발하는 엄마표 책육아

책을 좋아지는 그림책 놀이

초판 1쇄 인쇄 2023년 2월 27일
초판 1쇄 발행 2023년 3월 10일

지은이 우기윤

대표 장선희 총괄 이영철
책임편집 한이슬 기획편집 현미나, 정시아, 이소정
책임디자인 김효숙 디자인 최아영
마케팅 최의범, 임지은, 김현진, 이동희
경영관리 김유미

펴낸곳 서사원 출판등록 제2021-000194호
주소 서울시 영등포구 당산로 54길 11 상가 301호
전화 02-898-8778 팩스 02-6008-1673
이메일 cr@seosawon.com
블로그 blog.naver.com/seosawon
페이스북 www.facebook.com/seosawon
인스타그램 www.instagram.com/seosawon

ⓒ 우기윤, 2023

ISBN 979-11-6822-159-8 13590

- 이 책은 저작권법에 따라 보호를 받는 저작물이므로 무단 전재와 무단 복제를 금지합니다.
- 이 책 내용의 전부 또는 일부를 이용하려면 반드시 저작권자와 서사원 주식회사의 서면 동의를 받아야 합니다.
- 잘못된 책은 구입하신 서점에서 바꿔드립니다.
- 책값은 뒤표지에 있습니다.

서사원은 독자 여러분의 책에 관한 아이디어와 원고 투고를 설레는 마음으로 기다리고 있습니다.
책으로 출간을 원하는 아이디어가 있는 분은 이메일 cr@seosawon.com으로 간단한 개요와 취지,
연락처 등을 보내주세요. 고민을 멈추고 실행해 보세요. 꿈이 이루어집니다.